"一带一路"列国人物传系

总主编◎王　丽

塔吉克斯坦名人传

The Legend of the People along the Belt and Road
FAMOUS NAMES OF TAJIKISTAN

主编◎王郦久

图书在版编目（CIP）数据

塔吉克斯坦名人传 / 王丽主编；王郦久分册主编 . -- 北京：当代世界出版社，2022.7
（"一带一路"列国人物传系）
ISBN 978-7-5090-1671-8

Ⅰ . ①塔… Ⅱ . ①王… ②王… Ⅲ . ①人物－列传－塔吉克 Ⅳ . ① K833.65

中国版本图书馆 CIP 数据核字 (2022) 第 114665 号

书　　名：	"一带一路"列国人物传系·塔吉克斯坦名人传
出 品 人：	丁　云
责任编辑：	李俊萍
封面设计：	三哪金酒
出版发行：	当代世界出版社
地　　址：	北京市东城区地安门东大街70-9号
邮　　编：	100009
邮　　箱：	ddsjchubanshe@163.com
编务电话：	(010) 83907528
发行电话：	(010) 83908410（传真）
	13601274970　18611107149　13521909533
经　　销：	新华书店
印　　刷：	北京中科印刷有限公司
开　　本：	880毫米×1230毫米　1/32
印　　张：	6.75
字　　数：	118千字
版　　次：	2022年7月第1版
印　　次：	2022年7月第1次
书　　号：	ISBN 978-7-5090-1671-8
定　　价：	42.00元

如发现印装质量问题，请与承印厂联系调换。
版权所有，翻印必究；未经许可，不得转载！

《"一带一路"列国人物传系》编辑委员会

指导单位：

中国文学艺术界联合会

中国社会科学院国家全球战略智库

编委会：

主　任：王　丽

副主任：唐得阳　王灵桂

委　员：（按姓氏笔画排序）

丁闻琦	丁　超	于　青	于福龙	马细谱	王成军	王　丽
王灵桂	王建沂	王春阳	王郦久	王洪起	王宪举	王　渊
文　炜	孔祥琇	石　岚	白明亮	冯玉芝	成　功	朱可人
刘　文	刘思彤	刘铨超	安国君	许文鸿	许炳华	孙钢宏
孙晓玲	苏　秦	杜荣友	李一鸣	李永全	李永庆	李垂发
李玲玲	李贵方	李润南	余志和	宋　健	张　宁	张　敏
陈小明	邵诗洋	邵逸文	周由强	周　戎	周国长	庞亚楠
胡圣文	姜林晨	贺　颖	贾仁山	高子华	高宏然	唐岫敏
唐得阳	董　鹏	韩同飞	景　峰	程　稀	谢路军	翟文婧
熊友奇	鞠思佳					

支持单位：

中国社会科学院俄罗斯东欧中亚研究所

北京融商一带一路法律与商事服务中心

法律顾问：

北京德恒律师事务所

总　序
群星闪耀"一带一路"

2013年9月7日，中国国家主席习近平在哈萨克斯坦纳扎尔巴耶夫大学发表演讲，以博古通今的睿智对大学生们娓娓道来丝绸之路古老而年轻的故事。

"2100多年前，中国汉代的张骞肩负和平友好使命，两次出使中亚，开启了中国同中亚各国友好交往的大门，开辟出一条横贯东西、连接欧亚的丝绸之路。

"我的家乡陕西，就位于古丝绸之路的起点。站在这里，回首历史，我仿佛听到了山间回荡的声声驼铃，看到了大漠飘飞的袅袅孤烟。这一切，让我感到十分亲切。

"哈萨克斯坦这片土地，是古丝绸之路经过的地方，曾经为沟通东西方文明，促进不同民族、不同文化相互交流和合作作出过重要贡献。东西方使节、商队、游客、学者、工匠川流不息，沿途各国互通有无、互学互鉴，共同推动了人类文明进步。"[1]

---

[1]《习近平谈治国理政》，北京：外文出版社，2014年10月第1版，第287页。

"不同种族、不同信仰、不同文化背景的国家完全可以共享和平、共同发展。这是古丝绸之路留给我们的宝贵启示","为了使我们欧亚各国经济联系更加紧密、相互合作更加深入、发展空间更加广阔,我们可以用创新的合作模式,共同建设'丝绸之路经济带'"。[1]

推己及人,高瞻远瞩,引领时代,习近平主席在阿斯塔纳[2]通过哈萨克斯坦人民,首次向世界发出了让古老的丝路精神再次焕发青春和光彩的时代宣言。

2013年10月3日,习近平主席在印度尼西亚国会发表了题为《携手建设中国—东盟命运共同体》的演讲,首次向世界发出共建21世纪海上丝绸之路的倡议。

"东南亚地区自古以来就是'海上丝绸之路'的重要枢纽,中国愿同东盟国家加强海上合作,使用好中国政府设立的中国—东盟海上合作基金,发展好海洋合作伙伴关系,共同建设21世纪'海上丝绸之路'","发挥各自优势,实现多元共生、包容共进,共同造福于本地区人民和世界各国人民"。[3]

这个倡议和9月7日的演讲异曲同工、遥相呼应、互为

---

[1] 《习近平谈治国理政》,北京:外文出版社,2014年10月第1版,第287页。
[2] 哈萨克斯坦首都,2019年3月改名为努尔苏丹。
[3] 《习近平谈治国理政》,北京:外文出版社,2014年10月第1版,第293-295页。

映衬，完整地提出了"丝绸之路经济带"和"21世纪海上丝绸之路"的宏伟构想。

从广袤的亚欧腹地哈萨克斯坦到风光旖旎的印度尼西亚，习近平主席提出的"丝绸之路经济带"和"21世纪海上丝绸之路"吸引了世界各国的目光。从2013年9月至2016年8月，习近平主席出访37个国家（亚洲18国、欧洲9国、非洲3国、拉美4国、大洋洲3国），对"一带一路"倡议的总体框架和基本内涵做了充分阐述。和平合作、开放包容、互学互鉴、互利共赢的丝路精神，共商、共建、共享的治理理念，驱散了"去全球化"的阴霾，为增长乏力的世界经济注入新的动能。各国纷纷将本国经济发展与中国政府制定的《推动共建丝绸之路经济带和21世纪海上丝绸之路的愿景与行动》规划相对接。"一带一路"倡导的政策沟通、设施联通、贸易畅通、资金融通、民心相通，正在以基础设施、经贸合作、产业投资、能源资源、金融支撑、人文交流、生态环保、海洋合作等为载体和依托，在全球掀起了投资兴业、互联互通、技术创新、产能合作的新势头。2016年中国牵头成立有57个成员国加入的亚洲基础设施投资银行（AIIB），截至2018年12月19日成员总数增至93个，在13个国家开展35个项目。孟加拉配电系统升级扩容项目、印尼全国棚户区改造项目、巴基斯坦国家高速公路项目和塔吉克斯坦杜尚别至乌兹别克斯坦道路改造项目已经获得亚投行融资支持,共商共建共享成为现实。

"一带一路"倡议得到国际社会的积极响应。2016年11月17日,第71届联合国大会193个成员国一致赞同,通过了第A/71/9号决议,欢迎"一带一路"倡议,敦促各方通过参与"一带一路"倡议,促进阿富汗及地区经济发展,呼吁国际社会为开展"一带一路"建设提供安全环境保障。2017年3月17日,联合国安理会一致通过第2344号决议,呼吁国际社会凝聚援助阿富汗共识,通过"一带一路"建设等加强区域经济合作,敦促各方为"一带一路"建设提供安全环境保障。

2017年1月,习近平主席在联合国日内瓦总部发表题为《共同构建人类命运共同体》的重要演讲,全面深入系统阐述人类命运共同体重大理念,为解决全球性挑战提出中国方案,在国际上引起热烈共鸣,受到各方普遍欢迎和高度评价。3月23日,联合国人权理事会第34次会议通过关于"经济、社会、文化权利"和"粮食权"两个决议,决议明确表示支持"构建人类命运共同体"。这是人类命运共同体理念首次载入联合国人权理事会决议,标志着这一理念成为国际人权话语体系的重要组成部分。

"一带一路"不是中国的独角戏,是与亚、欧、非洲及世界各国共同奏响的交响乐。中国恪守联合国宪章宗旨和原则,坚持开放合作、和谐包容、政策沟通,培育政治互信,建立合作共识，协调发展战略，促进贸易便利化及多边合作体制机制。中国携手100多个国家和地区，依托国际大通道，以陆上沿线中心城市为支撑，以重点经贸产业园区为合作平台，共同打造的新亚欧大陆桥、中蒙俄、中国—中亚—西亚、中巴、孟中印缅、中国—中南半岛等国际经济合作走廊进展顺利，中欧班列在贸易畅通上动力强劲、风景亮丽；以海上重点港口为节点，共同建设通畅安全高效的运输通道，实现陆海联动，太平洋、印度洋、大西洋上巨轮往来频繁，互通有无。亚太经合组织、亚欧会议、大湄公河次区域合作的有关决议和文件，都体现了"一带一路"建设内容。丝路基金、开发性金融、供应链金融汇聚全球财富，建设绿色、健康、智慧、和平的丝绸之路，增进各国民众福祉。

"一带一路"是人类历史上前所未有的宏伟蓝图，也是横跨亚非欧连接世界各国的暖心红线。丝绸之路经济带包括中国经中亚、俄罗斯至欧洲（波罗的海），中国经中亚、西亚至波斯湾、地中海，中国至东南亚、南亚、印度洋；21世纪海上丝绸之路包括从中国沿海港口过南海到印度洋再延伸至欧洲和南太平洋。一路驼铃声声、舟楫相望，互通有无、友好交往。

在新的时代，在创新古老丝路精神的伟大进程中，习近平主席专门缅怀丝路开拓者，特意致敬古丝路精神奠基人：

"我们的祖先在大漠戈壁上'驰命走驿,不绝于时月',在汪洋大海中'云帆高张,昼夜星驰',走在了古代世界各民族友好交往的前列。甘英、郑和、伊本·白图泰是我们熟悉的中阿交流友好使者。丝绸之路把中国的造纸术、火药、印刷术、指南针经阿拉伯地区传播到欧洲,又把阿拉伯的天文、历法、医药介绍到中国,在文明交流互鉴史上写下了重要篇章。

"千百年来,丝绸之路承载的和平合作、开放包容、互学互鉴、互利共赢精神薪火相传。"[1]

这种吃水不忘挖井人的情怀,再次展现了中华民族不忘历史、纪念先贤、展望未来的优秀文化基因,也为中国传记文学学会参加"一带一路"建设指明了方向和道路。

在古老的丝绸之路上,我们不曾相忘:张骞出使西域到过的世界上最大的内陆国家哈萨克斯坦、山高水长的好邻居巴基斯坦、横跨欧亚大陆的俄罗斯、草原之国蒙古、喜马拉雅浮世天堂尼泊尔、菩提恒河保佑之国印度、文化瑰宝伊朗、首创法典之国伊拉克、红海门户也门、石油王国沙特阿拉伯、波斯湾明珠巴林、雪松之国黎巴嫩、海湾之秀科威特、沙漠之巅阿联酋、半岛明珠卡塔尔、霍尔木兹海峡守门人阿曼、

---

[1] 习近平:《弘扬丝路精神,深化中阿合作》,2014年6月5日,习近平在中—阿合作论坛第六届部长级会议开幕式上的讲话,载《人民日报》,2014年6月6日,第1版。

万湖之国白俄罗斯、欧亚十字路口土耳其、流着奶和蜜之地以色列、欧洲粮仓乌克兰、亚平宁半岛上的文化巅峰意大利、欧洲屋脊瑞士、玫瑰之国保加利亚、与灵魂对话的思辨之国德意志、欧洲文化殿堂法兰西、欧洲客厅比利时、郁金香之国荷兰、热情如火的西班牙,还有绅士国度英国、北非金字塔之国埃及、非洲屋脊埃塞俄比亚、香草之都马达加斯加,等等。

沿着海上丝绸之路,我们会领略橡胶王国马来西亚、花园国度新加坡、千岛之国菲律宾、赤道翡翠之国印度尼西亚;沿澜沧江一路南下,我们不曾相忘澜湄泽润之国越南、千佛之国泰国、微笑之国柬埔寨、万象之都老挝、印度洋上明珠之国斯里兰卡、印度洋上的明珠和钥匙毛里求斯、堆金积玉之国文莱、追求自由之国东帝汶、印度洋上的世外桃源马尔代夫、骑在羊背上的国家澳大利亚、上帝的后花园新西兰;等等。

"一带一路"沿线国家里,那些千百年来影响了人类与社会发展、国家与民族命运,并与中国曾经有过交往的古今人物,至今还能在教科书、影视剧里看到他们,还能感受到他们在一代又一代年轻人身上所产生的影响和魅力。

当然,对于中国人来说,更为熟悉的是丝绸之路的开拓者。曾记否?丝绸之路开拓者中,有汉武帝和他的使节们,有首开大唐盛世的唐太宗及其臣民,有再续睦邻通商航海路的宋祖朝廷和无数先贤,还有金戈铁马风漫卷的元代人物,一统江山万里帆的明代人物，环球凉热自清浊的清代人物，东西碰撞溅火花的近代人物，还有经受风雨变迁、勇立海国之志的现代人物，更有丝路明珠敦煌莫高窟的守护者，卫国助邻的将军和通司中外的外交家们。当然，数风流人物，还看今朝，我们不能不浓墨重彩地讴歌那些智通商海，投身到新丝路建设中的当代人物。

耕云播雨，香火延续，智慧传承，历史再续！2100多年的友好交往历史从未隔断，惠及三大洲的中西交流从未停歇，21世纪的"中国梦"和"世界梦"汇成了人类命运共同体的时代和弦，响彻在"一带一路"辽阔的长空。也正因如此，2017年5月，北京喜迎来自"一带一路"相关国家的元首、政府首脑、前政要、知名企业家和专家学者等各界代表，以及国际组织的负责人等千名领袖，出席第一届"一带一路"国际合作高峰论坛。"千人盛会"共襄"团结互信、平等互利、包容互鉴、合作共赢"[1]之盛举，共商"造福沿途各国人民的大事业"[2]之合作共赢大计。这是中华民族和世界历史上都应该铭记的大日子。

以人物传记写作为己任的中国传记文学学会，在"一带

---

[1] 习近平：《弘扬人民友谊，共创美好未来》，2013年9月7日，习近平主席在哈萨克斯坦纳扎尔巴耶夫大学的演讲。
[2] 同上。

一路"倡议实施中，肩负"讲好'一带一路'民心相通好故事"的使命和责任，这也是国家赋予我们的根本职责和任务。在中国文学艺术界联合会的领导下，在中国社会科学院国家全球战略智库指导下，中国传记文学学会以赤诚的家国情怀、强烈的时代精神、为人传记的责任担当，在认真调研、周密谋划、精心组织基础上，毅然决定倾注全力组织编写出版《"一带一路"列国人物传系》。此煌煌百卷传系讲述近千名各国人物故事，集数百位专家作家尽心挥毫，夜以继日，……幸得中国民营经济国际合作商会倾力赞助，又得中央文化企业当代世界出版社有限公司出版发行。于是，各位读者得以读到手中的这套活泼而不失厚重、有趣而不失学养的列国人物合传书卷。

孔子曰："仁者，人也。"让各国的先贤智者的思想光辉，照亮我们探索人类未来的道路。

传记明志，落笔为文，是为总序。

中国传记文学学会会长
《"一带一路"列国人物传系》编委会主任　王丽博士
2019年3月30日

Introduction: The Star-studded "Belt and Road"

On September 7, 2013, Chinese President Xi Jinping delivered a speech at Kazakhstan's Nazarbayev University, telling college students the ancient yet up to date stories of the Silk Road with well-versed wisdom.

"More than 2,100 years ago during the Han Dynasty (206 BC-AD 220), a Chinese envoy named Zhang Qian was twice sent to Central Asia on missions of peace and friendship. His journeys opened the door to friendly contacts between China and Central Asian countries, and started the Silk Road linking east and west, Asia and Europe.

"Shaanxi, my home province, is right at the starting point of the ancient Silk Road. Today, as I stand here and look back at that history, I seem to hear the camel bells echoing in the mountains and see the wisp of smoke rising from the desert, and this gives me a specially good feeling.

"Kazakhstan, located on the ancient Silk Road, has made an important contribution to the exchanges between the Eastern and Western civilizations and the interactions and cooperation between various nations and cultures. This land has borne witness to a steady stream of envoys, caravans, travelers, scholars and artisans traveling between the East and the West. The exchanges and mutual learning thus jointly promoted the progress of human civilization."[1]

"[C]ountries of different races, beliefs and cultural backgrounds are fully able to share peace and development. This is the valuable inspiration we have drawn from the ancient Silk Road," and "[t]o forge closer economic ties, deepen cooperation and expand development space in the Eurasian region, we should take an innovative approach and jointly build an economic belt along the Silk Road." [2]

With caring, vision and leadership, through the people of Kazakhstan in Astana, President Xi Jinping, for the first time, has made a declaration to the world that will rejuvenate the spirit of the ancient Silk Road.

On October 3, 2013, President Xi Jinping gave a speech titled "Work together to build a China-Asean community with a shared future "at the people's Representative Council of Indonesia, proposing to the world to build a 21st Century Maritime Silk Road.

"Southeast Asia has since ancient times been an important hub along the ancient Maritime Silk Road. China will strengthen maritime cooperation with the ASEAN countries, and the China-ASEAN Maritime Cooperation Fund set up by the Chinese government should be used to develop maritime partnership in a joint effort to build the 'Maritime Silk Road' of the 21st century." And "[t]he two sides need to give full rein to our respective strengths to enhance diversity, harmony, inclusiveness and common progress in our region for the benefit of both our people and the people outside the region."[3]

---

[1] *Xi Jinping: The Governance of China*. 1st ed., Foreign Languages Press, Beijing, October 2014, p.287.

[2] Ibid, at 287.

[3] *Xi Jinping: The Governance of China*. 1st ed., Foreign Languages Press, Beijing, October 2014, pp.293-295.

This initiative and the speech on September 7 both express the same idea and echo with each other, completing a grand vision of the "Silk Road Economic Belt" and the "21st Century Maritime Silk Road."

From Kazakhstan in the vast Eurasian hinterland to the beautiful scenery of Indonesia, President Xi Jinping's proposed "Silk Road Economic Belt" and "21st Century Maritime Silk Road" have attracted the attention of countries all over the world. From September 2013 to August 2016, President Xi visited 37 countries (18 in Asia, 9 in Europe, 3 in Africa, 4 in Latin America and 3 in Oceania), and fully elaborated on the overall framework and basic connotation of the "Belt and Road" initiative. The Silk Road spirit of peace and cooperation, openness and inclusiveness, mutual learning, and mutual benefit, combined with the idea that projects should be jointly built through consultation to meet the interests of all, dispels the haze of "de-globalization" and injects new kinetic energy into the sluggish growth of the world economy. Many countries have linked up their own economic development to the "Vision and proposed actions outlined on jointly building Silk Road Economic Belt and 21st- Century Maritime Silk Road" proposed by the Chinese government.

The "Belt and Road" initiative advocates policy coordination, facilities connectivity, unimpeded trade, financial integration, and people-to-people bond. With the emphasis on infrastructure build-up, economic and trade cooperation, industrial investment, energy resources development, financial support, people-to-people exchanges, ecological environmental protection, and marine cooperation, the initiative has set off a new momentum in investment, trade activity, technological innovation, and production capacity cooperation in the world. In 2016, China led the establishment of the Asian Infrastructure Investment Bank (AIIB), which was joined by 57 member states. As of Dec 19, 2018, the total number of members increased to 93, and 35 projects had been carried out in 13 countries. The Bangladesh Power Distribution System Upgrade Expansion Project, the Indonesia National Shanty Town Transformation Project, the Pakistan National Highway Project and the Tajikistan Dushanbe-Uzbekistan Border Road Improvement Project have received financial support from the AIIB. The idea of joint project implementation through consultation to meet the interests of all has since turned into reality.

The "Belt and Road" initiative has drawn strong and positive feedback from the international community. On November 17, 2016, the 71st session of the 193 members of the United Nations General Assembly unanimously endorsed the adoption of resolution A/71/9 to welcome the "Belt and Road" proposal, encouraging all of its member states to boost economic development of Afghanistan and the region through participation in the proposed project. In addition, it called on the international community to provide a safe and secure environment for the implementation of the initiative. On March 17, 2017, the United Nations Security Council unanimously adopted resolution NO. 2344, and called on the international community to rally assistance to Afghanistan, and strengthen regional economic cooperation through the "Belt and Road" strategy, etc. It also urged all parties to provide a safe and secured environment for carring out the program.

In January 2017, President Xi Jinping delivered a keynote speech at the United Nations Office at Geneva titled "Work Together to Build a Community of Shared Future for Mankind," comprehensively and systematically elucidated the fundamental idea of a community with a shared future for mankind, and proposed Chinese Solutions to global problems, which echoed enthusiastically in the international community and was widely welcomed and highly applauded by many countries, organizations and political parties. At its 34th meeting, on March 23, the United Nations Human Rights Council adopted two resolutions on "economic, social and cultural rights" and "the right to food," which clearly stated the need to "build a community with a shared future for mankind." This is the first time the concept of a community with a shared future for mankind has been incorporated into a UN Human Rights Council resolution, and it has become an important part of the international human rights discourse system.

The "Belt and Road" is not a solo play by China only, but a symphony played in concert with Asia, Europe, Africa and countries around the world. China abides by the purposes and principles of the UN Charter, advocates openness and cooperation, espouses harmony and inclusiveness, supports policy coordination, fosters political mutual trust, builds consensus on cooperation, coordinates development strategies and promotes trade facilitation and the institutional mechanisms of multilateral cooperation. China has joined hands with more than 100 countries and regions to co- create a new Eurasian continental bridge. This has been accomplished by taking advantage of international transport routes that are supportive of the central cities along the "Belt and Road", and building key economic and trade industrial parks as a platform for cooperation. China-Mongolia-Russia, China-Central Asia-West Asia, China-Pakistan, Bangladesh-China-India-Myanmar, China-Indochina Peninsula and other international economic cooperation corridors are progressing smoothly. China Railway Express accentuates trade and shipping overland between China and Europe with a bright future. Meanwhile, key sea ports also serve as the nodes to jointly build a smooth, safe and efficient transportation network, and hence enables a close connection between land and sea routes. Together with the overland cargo train transportation, the frequent cargo ships sailing on the Pacific, Indian and Atlantic Oceans poses an amazing picture. In summary, the relevant resolutions and documents of the Asia-Pacific Economic Cooperation, the Asia-Europe Meeting, and the Greater Mekong Subregion Economic Cooperation program all embody the "Belt and Road" initiative. By bringing together the world's wealth, Silk Road Fund, development finance, and supply chain finance strive to build a green, healthy, intelligent and peaceful Silk Road, and enhance the well-being of people around the globe.

The "Belt and Road" is a grand blueprint that has never been seen in human history. It is also a warm heart line that connects Asia, Africa and Europe to countries around the world. The Silk Road Economic Belt includes China via Central Asia, Russia to Europe (Baltic Sea), China via Central Asia, West Asia to the Persian Gulf, the Mediterranean Sea, China to Southeast Asia, South Asia, and the Indian Ocean; the 21st Century Maritime Silk Road includes from China's coastal ports to the South China Sea as well as the Indian Ocean that extends to Europe and the South Pacific. Friendly exchanges among countries are just a camel-ride and a boat trip away from each other.

In this new era and the great course of renovating the spirit of the ancient Silk Road, President Xi Jinping dedicated to cherish the pioneers of the Silk Road and particularly pay tribute to the founders of the spirit of the ancient Silk Road:

"In ancient times, our ancestors struggled through deserts and sailed in boundless seas to transport Chinese products to countries overseas, taking a lead in international friendly contact. Along that path, Kan Ying,

Zheng He and Ibn Battuta were all known as envoys of this China-Arab friendship. Through the Silk Road, Chinese inventions like paper-making, gunpowder, printing and the magnetic compass were spread to Europe, and Arabic conceptions like astronomy, the calendar and medicine were introduced to China.

For hundreds of years, the spirit that the Silk Road bears, namely, peace and cooperation, openness and inclusiveness, mutual learning, mutual benefits and win-win results, has lived on through generations."[1]

There is a Chinese saying that when you drink the water, think of those who dug the well. The implication that the Chinese people never forget history is clearly demonstrated in our excellent cultural tradition of commemorating the sages and at the same time looking forward to the future. It also points out the direction and path for the Chinese Biographical Literature Society to participate in the "Belt and Road" initiative.

On the ancient Silk Road, we have never forgotten Zhang Qian's diplomatic missions to the western regions in Han Dynasty that include Kazakhstan, the good neighbor Pakistan with high mountains and beautiful rivers, acrossing Eurasia country Russia, grassland country Mongolia, Himalaya floating paradise Nepal, Bodhi Ganges blessed country India, cultural treasure Iran, the first Codex System member country Iraq, Red Sea gateway Yemen, oil kingdom Saudi Arabia, the Persian Gulf pearl Bahrain, cedar country Lebanon, Gulf Star Kuwait, desert peak UAE, the Peninsula pearl Qatar,and Oman - the gatekeeper

---

[1] Xi Jinping: "Promoting the Silk Road Spirit and Deepening China-Arab Cooperation." Key note speech at the opening ceremony of the 6th Ministerial Meeting of the China-Arab States Cooperation Forum, June 6, 2014, People's Daily, section one.

of Hormuz Strait, thousand-lake country Belarus, Turkey at the Eurasian crossroads, Israel - a land flowing with milk and honey, Ukraine of European granary, Italy - the cultural pinnacle of Apennines, Switzerland on the top of Europe, rose country Bulgaria, and Germany, a nation famous for great thinkers, France, the center of the European culture, the welcoming and comfortable Belgium, tulip country Netherlands, the warm and sunny Spain, as well as the elegant England, pyramid country Egypt in North Africa, Ethiopia on the roof of Africa, the Vanilla Capital country Madagascar, and so on.

Along the Maritime Silk Road, we will come across Malaysia, the country of rubber, garden country Singapore, the Thousand Islands country Philippine, and Indonesia, an emerald on the equator line. Down the Lancang-Mekong River all the way south, we will experience Vietnam whose land moistened by the Lancang-Mekong River, Thailand, the country of thousand Buddhas, the smiling country of Khmer Cambodia, and Laos, the "Land of a Million Elephants." On the Indian Ocean, we will also see the ocean pearl Sri Lanka, the ocean star and key Mauritius, the rich and abundant Brunei, the freedom seeker East Timor, the idyllic Maldives, and Australia, a country on the back of the sheep, New Zealand, the back garden of God, and so on.

In the countries along the Belt and Road, those ancient and modern figures who have influenced human and social development, the destiny of countries and nations for thousands of years, and have had dealings with China are still seen in today's textbooks, movies and television dramas. Their influence and charm are still felt by generations of young people.

Certainly, for the Chinese people, we are more familiar with the pioneers of the Silk Road. Have we ever remembered? Among the trail blazers of the Silk Road were Emperor Wu of Han Dynasty and his envoys, Emperor Li Shimin, the co-founder of the Tang Dynasty that epitomized a golden age and his subjects, the Song imperial court and numerous sages who continued good-neighbor practice and friendly maritime navigation, as well as the Yuan Dynasty warriors who led armored cavalry with shining spears, the Ming Dynasty figures who unified the country, and the Qing Dynasty characters who maintained a clear mind during global turmoil, as well as the modern individuals who, by learning from both the west and the east in a time of rapid change, had the courage to build a sea power nation. There were also the guardians of Dunhuang Mogao Grottoes known as the Silk Road Pearl, the generals who safeguarded the country and helped the neighbors, and the diplomats who convey information and messages between China and foreign countries. Without a doubt, it is our current era that features true heroes. We can not praise highly enough the contemporary people who have been plunging themselves into the development of the new Silk Road.

Hard work pays off, family line continues, wisdom passes on, and history pushes forward! The history of friendly exchanges for more than 2,100 years has never ceased, and traffic between China and the West, which benefits the three continents, has been nonstop. The "Chinese Dream" and "World Dream" in the 21st century have become the chord of our time for humanity's shared future, resounding on the "Belt and Road." For this reason, in May 2017, Beijing welcomed thousands of leaders from all walks of life, including heads of government, former eminent statesmen, well-known entrepreneurs, distinguished experts and scholars from the "Belt and Road" countries, as well as leaders of international organizations to attend the first "Belt and Road" Forum for International Cooperation. This grand event of "Thousands of people's meeting" shared "solidarity, mutual trust, equality, inclusiveness, mutual learning and win-win cooperation"[1] and exchanged views on this "great undertaking benefiting of the people of all countries along the route."[2] This is a big day that should be remembered in the history of the Chinese nation and the world.

In the implementation of the "Belt and Road" initiative, the Chinese Biographical Literature Society that devotes to biography writing, takes as its mission "telling the good stories" of the "Belt and Road," which is also the responsibility entrusted to us by the state.

Under the leadership of the China Federation of Literary and Art Circles and the guidance of the National Global Strategic Think Tank of the Chinese Academy of Social Sciences, the Chinese Biographical Literature Society, with its love for the family and the nation, a keen spirit of the age and the responsibility of writing decent biographies, by careful research, thorough planning and thoughtful organization, made an unwavering decision to devote itself to organizing and publishing the "The Legend of the People along the Belt and Road nations." These brilliant volumes of biographies tell the stories of nearly a thousand national characters, involving laborious work from hundreds of expert writers who had been writing day and night over last year. Our gratitude extends to China International Chamber of Commerce for the Private Sector for their sponsorship, and Contemporary World Publishing House Co., Ltd., a central state cultural enterprise, for the publication distribution. Thanks to their generosity and effort, readers now have the opportunity to

---

[1] Xi Jinping: "Promote Friendship between Our People and Work Together to Build a Bright Future." Keynote speech at Nazarbayev University in Kazarkhstan, September 7, 2013.
[2] Ibid.

read the vivid yet serious and interesting yet enlightened biographies of outstanding people from many nations.

Confucius said, "Benevolence is the characteristic element of humanity." Let the brilliant ideas of the wise men of all nations light up our path to explore the future of mankind.

The biographies are written for high ideals. Herein is the introduction.

President of the Chinese Biographical Literature Society
Director of the Editorial Board of
"The Legend of the People along the 'Belt and Road'"
Dr. Wang Li
March 30, 2019

目 录

引 言　　　　　　　　　　　　001

Chapter 01

塔吉克民族英雄
——斯皮达门　　　　　　017

01 出身于粟特贵族的军事指挥官　　019
02 抗击亚历山大东侵的英雄　　　　022

Chapter 02

一代明君
——索莫尼　　　　　　　033

01 家有英才初长成　　　035
02 平定内乱，建立王朝　040
03 萨曼王朝的没落　　　043
04 塔吉克民族的象征　　045

波斯古典文学创始人
——鲁达基　　　　049

01 传奇的一生　　　　052
02 宫廷诗人　　　　　055
03 成就斐然　　　　　058
04 影响深远　　　　　062

苏菲派著名思想家、传教者
——哈马多尼　　　065

01 传教人生　　　　　067
02 重视家庭与教育　　 070
03 朴素的政治理想　　 072
04 哈马多尼在当代　　 074

塔吉克现代文学的奠基人
——艾尼　　　　　 077

01 农民的儿子　　　　 080
02 在生活的磨难中成长　083
03 文学巨匠　　　　　 089
04 现代文学的奠基人　 095

Chapter 06 塔吉克文学巨匠
——米尔佐·图尔松扎德　099

01 来自吉萨尔的诗人　　　　　　102
02 为时代而歌的诗人　　　　　　105
03 歌颂东方的诗人外交家　　　　112

Chapter 07 政治界和学术界权威
——加富罗夫　　　　　117

01 勤奋好学的寒门学子　　　　　　120
02 新闻和宣传战线的行家里手　　　122
03 塔共中央第一书记　　　　　　　124
04 实现由政治家向学者的成功转型　125
05 探求灵魂归宿的精神贵族　　　　131

Chapter 08 塔吉克斯坦国歌之父
——凯尔地与尤达科夫　135

01 歌词作者凯尔地　　　　　　　　138
02 国歌曲谱作者苏莱曼·尤达科夫　150

塔吉克斯坦"民族领袖"
——拉赫蒙　　　　　**155**

01 受命于国家危难之时　　**158**
02 致力于民族和解与国家团结　　**164**
03 由首任总统到"民族领袖"　　**166**
04 重视对华关系和丝路经济带建设　**174**

作者附记　　**177**
后　记　　**179**

Contents

Introduction / 001

National Hero of Tajikistan: Spitamenes / 017
A Sagacious Ruler: Nasr ibn Ahmad Samani / 033
The Founder of Classical Persian Literature: Abu Abdollah Ja'far Rudaki / 049
An Eminent Sūfī Saint and Preacher: Mir Sayyid Ali Hamadani / 065
The Founding Father of Contemporary Tajik Literature: Sadriddin Ayni / 077
A Towering Figure in Tajik Literature: Mirzo Tursunzada / 099
The Political and Academic Bigwig: Babadzan Gafurovich Gafurov / 117
The Musical Fathers of Tajikistan National Anthem: Keldi and Yudakov / 135
 "The Leader of the Nation": Emomali Rahmon / 155

Afterword / 179

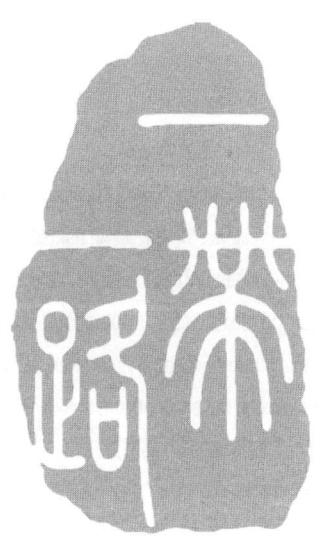

引　言

当你走进塔吉克斯坦首都杜尚别的中央广场，除了庄严的总统府、巍峨的国家图书馆，引人注目的还有被称为塔吉克斯坦奠基人索莫尼和传奇诗人鲁达基的雕塑，它们集中体现了塔吉克斯坦这个既古老又年轻的国家的特征。

塔吉克斯坦共和国（塔吉克语：Чумхурии Точикистон，英语：Republic of Tajikistan），简称塔吉克斯坦、塔吉克，位于中亚东南部，北邻吉尔吉斯斯坦，西邻乌兹别克斯坦，南与阿富汗接壤，东接中国，首都为杜尚别。

塔吉克斯坦的国土面积为14.31万平方公里，东西长，约700公里，南北窄，约350公里，境内多山，约占国土面积的93%，其中约一半在海拔3000米以上，因此有"高山国"之称。其北部山脉属天山山脉，中部属吉萨尔—阿尔泰山系，东南部为冰雪覆盖的帕米尔高原，最高的山峰为索莫尼峰，海拔7495米。其北部是费尔干纳盆地的西缘，西南部有瓦赫什谷地、吉萨尔谷地和喷赤谷地。

塔吉克斯坦是典型的温带大陆性气候，春冬两季雨雪较多，夏秋两季干燥少雨，年降水量150～250毫米。高山区随海拔高度的增加大陆性气候的特征更加显著，南北温差较大。1月平均气温–2℃～2℃；7月平均气温23℃～30℃。帕米尔山西部终年积雪，形成了巨大的冰河，有锡尔河、阿姆河、泽拉夫尚河、瓦赫什河和菲尔尼甘河等，水力资源丰富。

塔吉克斯坦有912.66万人（截至2019年1月），包括86个民族，其中塔吉克族占总人口的80%，乌孜别克族占15.3%，俄罗斯族占1%。此外，还有鞑靼、吉尔吉斯、乌克兰、土库曼、哈萨克、白俄罗斯、亚美尼亚等民族。多数居民信奉伊斯兰教的逊尼派，帕米尔一带信奉什叶派。塔吉克斯坦的国语为塔吉克语，俄语为通用语。

据历史学家和人类学家研究考证，塔吉克人作为一个主体民族历史悠久。他们起源于公元前2000—前1000年古代东伊朗（波斯）的西徐亚人、粟特人、巴克特里亚人、塞卡人等，公元7世纪，塔吉克各部落在语言等方面的共性逐渐增多。

8世纪，阿拉伯人入侵，开始进行经济掠夺和宗教传播。阿拉伯人的入侵及其所实行的同化政策，在一定程度上阻碍了塔吉克民族文化的发展，但塔吉克人民反对侵略的斗争，又促进了塔吉克民族的形成。9—10世纪，塔吉克部族基本形成。公元874年，塔吉克建立了自己的民族政权——萨曼王朝，标志着塔吉克民族的形成。塔吉克的民族文化、风俗习惯基本形成于这一时期。

对"塔吉克"这一民族名称的来源和含义，学者们至今尚无统一的看法，但多数认为它形成于公元11世纪，最初源自幼发拉底河左岸一个自称"塔吉"（TAJI）的阿拉伯部落，后来这个部落逐渐迁徙至当时的粟特、吐火罗、呼罗珊三地交界地区，当地印欧语系的"达里"语逐渐成为其民族语言的基础。

后来，"塔吉"这个名称传到突厥游牧人中，他们按波斯语词尾加字母"K"就成为"某某人"的习惯，把中亚讲伊朗语、信奉伊斯兰教的定居居民称为"塔吉克"（TAJIK）。[1] 而在塔吉克的民间传说中，"塔吉"（TAJI）一词来源于其语言中"王冠"（TAJ）一词，"塔吉克"意味着"戴王冠的人"。传说塔吉克人的祖先凯依霍鲁斯、凯依库巴特、凯依卡乌斯、加米西德和努西力旺等先后成为国王，他们头戴王冠，统治着从西方到东方的大片土地，他们的臣民也仿照王冠制作出各式各样色彩斑斓的"塔吉"（冠）戴在头上，以示自己是国王统治下的幸福臣民，现在塔吉克民族男女所戴的绣花帽就是从古代演绎和传承下来的，他（她）们也以"戴王冠的人"

---

[1] 修订本编写组：《塔吉克族简史》，北京：民族出版社，2008年版。

而自豪。

塔吉克斯坦科学院历史学、考古学与人类学研究所所长萨义穆洛德·波波穆洛耶夫也认同上述说法，但他认为"戴王冠的人"最初是指古代波斯琐罗亚斯德教徒所戴的头饰，这种头饰是琐罗亚斯德教的象征，是区分信众的标志。公元7—11世纪，"塔吉克人"这一词汇的宗教含义逐渐消失，在中亚被用来指代所有讲波斯语或生活在波斯的族群，一直延续到现在的塔吉克人。应当指出，中国境内的塔吉克族与塔吉克斯坦的塔吉克族属于同一民族的不同支系，他们的人种特征、文化风俗、宗教习惯等基本一致。

塔吉克人是中亚最古老的民族之一，在与其他民族互相渗透、互相融合的漫长历史发展过程中，最大限度地保存了东伊朗的民族成分和伊朗语。塔吉克人是指在中亚、帕米尔、阿富汗定居的讲伊朗语、信仰伊斯兰教的居民，分为平原塔吉克人和高山塔吉克人。居住在撒马尔罕、布哈拉、赫拉特、巴尔赫等地的为平原塔吉克人，从事农业；居住在帕米尔和兴都库什山一带的为高山塔吉克人，从事畜牧业。

在现今的塔吉克斯坦分布着3个主要民族区：北部的索格特人区、东北的费尔干纳人区和南部的托哈尔人区。

01
塔吉克斯坦建国

现在的塔吉克斯坦在公元前就有许多王朝和附属部族的政权,如公元前 550—前 330 年的波斯阿契美尼德王朝、索格底亚那、巴克特里亚等自主权较大的部族政权。公元 9 世纪建立的萨曼王朝(874—999 年),其统治地区主要是中亚阿姆河和锡尔河中部地区。萨曼王朝的创始人阿卜·伊布拉欣·伊斯马依·艾哈默德·索莫尼[1](849—907 年)出生于费尔干纳,曾是中亚的统治者,现作为塔吉克斯坦国的奠基人备受尊敬。

在萨曼王朝之后,中亚有突厥语族建立的伽色尼、喀喇汗、塞尔柱克等王朝。蒙古人进入中亚后,塔吉克人生活在察合台汗国和帖木儿的统治之下,16 世纪后则受布哈拉、希瓦汗国和沙皇俄国统治,直到苏维埃政权建立。1924 年 10 月,俄共(布)中央政治局决定将原属乌兹别克加盟共和国的塔吉克自治州升格为自治共和国。1929 年 10 月,苏联政

---

[1] 对于索莫尼的名字,现代塔吉克语为 Сомонй,英语为 Samani;中国的史书多译为萨曼或萨曼尼,其所建立的王朝被称作"萨曼王朝",我们在此按中文习惯仍称萨曼王朝,而其他情况下则按照现代塔吉克语将他的名字译为索莫尼。

府宣布塔吉克自治共和国脱离乌兹别克加盟共和国,在当年12月升格其为苏联加盟共和国,并重新确定了其领土面积,这才有了现代塔吉克斯坦国的雏形。

1991年9月9日,塔吉克斯坦最高苏维埃通过独立宣言,宣布成立独立的塔吉克斯坦共和国,并将这一天定名为"国家独立日"。1991年12月25日苏联解体后,塔吉克斯坦共和国实现完全独立,并于同日加入"独立国家联合体"(独联体),1992年3月2日取得联合国成员国资格。

塔吉克斯坦的重要节日有:1月1日为新年,3月21日为纳乌鲁斯节(波斯语和突厥语国家的春节),5月9日为战胜德国法西斯纪念日,6月27日为民族统一和解日,9月9日为国家独立日,11月6日为国家宪法日。

塔吉克斯坦包括三州一区一直辖市:索格特州(原列宁纳巴德州)、哈特隆州、戈尔诺—巴达赫尚自治州,中央直属区和杜尚别市。其法定货币为索莫尼,1元人民币兑换1.39索莫尼,1美元约合9.71索莫尼(2020年3月16日汇率)。

塔吉克斯坦的国旗由红白绿横条三色旗加王冠和七颗五角星组成,三色中的红色象征国家的胜利,白色代表宗教信仰,绿色象征繁荣和希望;王冠和七颗五角星图案象征国家的独立和主权。塔吉克斯坦现行的国徽自1993年启用,其主图为圆形,中间为旭日初升于帕米尔高原之象,上为五垛王冠和七颗五角星,下为一本打开的书,外围是红白绿三色绶带束缚的麦穗和棉花。

1994年9月7日,塔吉克斯坦最高苏维埃颁布《塔吉克斯坦国歌法》,由古尔纳扎·凯尔地作词、苏莱曼·尤达科夫作曲的《民族之歌》正式成为塔吉克斯坦国歌。

苏联解体后,塔吉克斯坦虽然获得了国家独立和主权,但由于不同党派和不同势力之间的争斗,于1992年3月爆发内战,政局持续动荡。直到1994年11月埃莫马利·拉赫蒙当选总统,才逐渐平息内战,使国家走上稳定发展的轨道。1994年11月6日通过的《塔吉克斯坦共和国宪法》规定,塔吉克斯坦的政治体制实行总统制,总统为国家元首,每届任期7年,定期进行全民选举。现任总统拉赫蒙于1994年11月就任,1999年、2006年、2013年和2020年四次连任。

2015年12月9日,塔吉克斯坦议会通过《民族领袖法》,确认现任总统拉赫蒙为"民族领袖"。根据该法令,拉赫蒙总统将享受终身豁免权,国家将向他提供交通、住房、保险、退休金保障,还将修建"民族领袖"博物馆、图书馆和档案馆。

塔吉克斯坦议会是国家最高立法机构,由上下两院组成,上院34个席位,下院63个席位,上院和下院议员的任期均为5年。塔吉克斯坦实行多党制,合法登记的政党经中央选举委员会审核认可后可参加议会选举,推举总统候选人。现有的主要政党包括：农业党、民主党、共产党、人民民主党、经济改革党、社会民主党、社会主义党。国家最高行政机关为共和国政府，行使国家行政权，现任总理为科希尔·拉苏尔佐达（2013年11月至今）。

02
塔吉克斯坦的经济

塔吉克斯坦的经济基础较薄弱，结构单一。其水力资源丰富，水资源储备量居世界第八位（2014年数据），人均水资源拥有量居世界第一位。同时，塔吉克矿产资源丰富，种类全，储量大，经过1971—1990年大规模的勘探，发掘出400多个矿带，已探明有铅、锌、铋、钼、钨、锑、锶和金、银、锡、铜等贵重金属，以及石盐、硼、煤、萤石、石灰石、彩石、宝石等50多种矿物质。塔吉克有30多处金矿，总储量超过600吨；银矿多为铅、锌伴生矿，储量10万吨，大卡尼曼苏尔银矿为世界最大银矿之一；油气资源匮乏，石油储量1.131亿吨，天然气储量8630亿立方米，且无法得到有效开发。

塔吉克斯坦的工业主要以电力和有色金属、稀有金属的开采为主；农业以"白金"——棉花为主。苏联解体后的政治经济危机以及多年内战使其国民经济遭受重创。1995年，塔吉克斯坦开始实施《深化经济改革和加快向市场关系过渡的紧急措施》和《1995—2000年经济改革纲要》，确立了以市场经济为导向的国家经济政策，并推行私有化。1997年，塔吉克斯坦的国民经济开始走出低谷，出现恢复性增长。

1995年5月10日，塔吉克斯坦政府宣布发行第一套本国货币——塔吉克斯坦卢布，这是苏联解体后塔吉克斯坦首次发行本国货币；2000年10月，又成功发行国家新币索莫尼（以萨曼王朝创建人的名字命名），初步建立国家财政和金融系统，逐步完善税收、海关政策。2003年，塔吉克斯坦工业部编制了适合其国情的发展规划，基本思路为有效利用国家资源优势，加大生产技术革新力度，逐步提高产品加工水平和产品竞争力。2005年新一届议会选举之后，塔吉克斯坦的经济继续保持平稳发展态势，连续多年的通货紧缩局面得到改善，人均收入开始有所增加，各项经济指标均有所回升。

2008年全球金融危机对塔吉克斯坦的经济造成了一定冲击，政府采取一系列应对措施后，其经济形式逐渐好转。但近年来，受俄罗斯经济下滑和主要出口商品国际市场价格疲软、外劳侨汇收入大幅减少等因素影响，塔吉克斯坦的经济形势总体严峻，经济下行趋势明显，外贸形势不容乐观，国家财政资金十分紧张，外汇储备不断减少，外汇市场持续震荡，国内消费需求明显减弱。

据官方统计，塔吉克斯坦2019年GDP总额为773.55亿索莫尼（按照2019年12月1美元等于9.6861索莫尼计算，约为78.45亿美元），同比增长7.5%，人均收入约860美元，其中农业占19.8%，比上年增长1.3%；工业占17.4%，比上年增长2.9%；建筑业占8.8%，比上年增长0.1%；商品销售和服务业占15.1%，比上年增长1.6%；运输和通讯业占10.4%，比上年增长0.6%；其他行业占18.1%，比上年增长0.3%；产品税收占10.4%，比上年增长0.7%。2019年塔吉克斯坦的外贸总额为45.24亿美元，同比增长7.1%，其中出口11.74亿美元，增长9.4%；进口33.49亿美元，增长6.3%，逆差21.74亿美元。在对外贸易中，与独联体国家贸易额为25.22亿美元，增长7.4%；与非独联体国家贸易额为20.02亿美元，增长6.7%。

塔吉克斯坦2019年劳动人口为238.24万，就业率为97.9%，失业率为2.1%。2016年9月，塔吉克斯坦通过了《塔吉克斯坦共和国至2030年国家发展战略》，确立了"确保能源安全和高效使用电力能源""将塔吉克斯坦从交通死角转变为重要交通枢纽国家""确保粮食安全和为公众提供高品质食物"以及"扩大生产性就业"四大战略发展目标。

03
塔吉克斯坦的外交

塔吉克斯坦奉行"门户开放"和大国平衡的外交政策，积极发展与中亚国家、中国、俄罗斯、美国、欧盟各国、伊朗、沙特等国家的关系；同时，积极与世界其他国家发展友好合作关系，争取外援，维护其独立、主权、安全和发展。塔吉克斯坦目前已加入联合国、世界贸易组织、欧安组织、独联体、上海合作组织、经济合作组织、伊斯兰会议组织等50多个国际和地区性组织。

塔吉克斯坦积极参与国际反恐、禁毒工作，倡导在联合国框架内举办"生命之水"2005—2015十年行动有关会议，得到140多个国家支持。2016年，塔吉克斯坦主办的"可持续发展第六目标——实现供水与卫生普及"国际高级研讨会在杜尚别顺利举行，其提出的"可持续发展之水"2018—2028国际十年行动倡议，在联合国大会获得逾190个国家支持通过。截至2019年年底，塔吉克斯坦与124个国家建立了外交关系，开设驻外使领馆、常驻代表机构26个。

04
中塔关系

塔吉克斯坦独立后，十分重视发展与中国的关系，双方于1992年1月4日正式建立外交关系，此后两国关系得到稳定发展。值得一提的是，中塔于2010年4月27日签订《中华人民共和国政府和塔吉克斯坦共和国政府关于中塔国界线的勘界议定书》，根据议定书规定，塔方于2011年1月将原先实际控制的1158平方公里土地划归中方，这为两国发展全面关系铺平了道路。2013年5月，双方宣布建立战略伙伴关系，为两国关系注入新的活力。

2014年，中国国家主席习近平首次对塔吉克斯坦进行国事访问。2014年5月和11月，拉赫蒙总统先后来华出席亚信峰会和APEC东道主伙伴对话会。2015年9月，拉赫蒙总统来华出席中国人民抗日战争暨世界反法西斯战争胜利70周年纪念活动。2015年12月，塔吉克斯坦总理拉苏尔佐达来华出席上海合作组织总理会议及世界互联网大会。

2016年，中国成为塔吉克斯坦第一大出口国、第一大进口国和第一大投资来源国。2019年，双边贸易额达到6.61亿美元，比2018年增长1.5%，塔吉克斯坦对华出口5546.26万美元，自华进口6.05亿美元，中塔贸易额占塔吉克斯坦对外贸易总额的14.6%。塔吉克斯坦对中国出口的主要产品是棉花、牛羊、水果和干果。中国对塔吉克斯坦主要出口建筑材料、机械设备、服装和鞋子。中塔在投资方面合作范围广阔，中国的投资主要集中在塔吉克斯坦基础设施建设、电力、农业、农产品加工、采矿、通信、建材、石材、纺织工业等领域。

2013年9月，习近平主席提出共建丝绸之路经济带的倡议，得到塔吉克斯坦的积极回应，塔吉克斯坦也成为亚投行创始成员国。2016年，中塔共同签署了30亿元人民币的《货币互换协议》，这对促进双方的贸易和投资、保证两国金融合作起到了积极作用。近年来，在两国政府的推动下，一大批大型合作项目顺利实施。在交通基础设施方面，亚湾—瓦赫达特铁路桥隧道成功连接塔吉克斯坦南北铁路；中塔公路一期项目顺利竣工后，二期项目建设正在积极推进中。在改善民生方面，杜尚别热电厂的建成彻底解决了该市冬季缺电的困难；中央直辖区500千伏输变电线的竣工，解决了塔吉克斯坦直辖区及东北部山区电力供应不足的问题，增强了塔吉克斯坦全国电网运营的安全性及稳定性。在产能合作方面，由中国新疆塔城国际集团及其控股子公司塔中矿业投资的中塔工业园区建成了铅锌矿冶炼厂、水泥厂和建材厂，提供新就业岗位超过2500个。中塔农业产业园区自2014年开始在塔吉克斯坦南部哈特隆州的丹加拉区建设，中国新疆中泰集团在哈特隆州投资20亿元人民币，建成种植20万亩棉花的农业园和15万锭的纺纱厂。如今，上述项目都已投产，并成为塔吉克斯坦经济支柱性产业。中国企业帮助塔吉克斯坦由水泥进口国转为出口国，实现向周边邻国出口创汇。农业产业园改变了当地的棉花种植方式，完善了深加工产业链，带动当地就业4000余人，年缴纳税费1000万美元以上。如今，在塔吉克斯坦投资兴业的中资企业已有300多家。[1]

2019年6月15日至16日，习近平主席再度访问塔吉克斯坦，并出席在塔主办的亚信第五次峰会，期间，两国元首高度评价中塔关系和各领域合作成果，共同规划双边关系发展新蓝图，一致同意将深化真诚互信、合作共赢的全面战略伙伴关系，致力于发展全天候友谊，推动构建人类命运共同体，实现共同发展繁荣。[2]

塔吉克作为中亚一个古老的民族，在其漫长的历史发展过程中涌现出一批杰出人物。他们在不同的历史时期以不同的方式，对塔吉克民族和塔吉克斯坦国家的形成和发展做出

---

[1] 廖伟径：《中塔经贸合作站在新起点上》，载中国经济网—《经济日报》，2019年6月14日。

[2] 陈赞、魏建华、吕传忠：《习近平同塔吉克斯坦总统拉赫蒙会谈》，载新华网，2019年6月16日。

了自己卓越的贡献，受到后世尊崇。这样的人物成百上千，但本书因篇幅限制仅介绍其中的10位。他们是塔吉克不屈不挠的古代民族英雄斯皮达门、萨曼王朝的缔造者索莫尼、塔吉克和波斯传奇诗人鲁达基、中世纪思想家和诗人哈马多尼、现代塔吉克文学的奠基人艾尼、著名诗人和社会活动家图尔松扎德、政治家和历史学家加富罗夫、塔吉克斯坦国歌的词作者凯尔地和曲谱作者尤达科夫、塔吉克斯坦"民族领袖"拉赫蒙总统。

还应指出，由于塔吉克民族复杂的历史，特别是与伊朗和乌兹别克斯坦等中亚国家长期共同生活的经历，使得一些杰出历史人物不仅对塔吉克民族，还对与他们共同生活的其他民族的社会和文化发展做出过重要贡献。因此，他们也受到中亚其他国家和民族的敬仰和推崇，如波斯民族诗史《王书》的作者菲尔多西在伊朗和塔吉克斯坦都受尊重。《王书》所塑造的"鲁斯塔姆"是塔吉克斯坦家喻户晓的英雄人物，不少父母以鲁斯塔姆为自己的孩子命名。还有中世纪波斯哲学家、医学家、自然科学家、文学家伊本·西那（980—1037），在伊朗、乌兹别克斯坦和塔吉克斯坦均被视为"本国杰出人物"。该传记系列图书只能对其做一次介绍，因此按其出生和墓地所在国等标准，将其归入乌兹别克斯坦人物传记中介绍。

塔吉克民族英雄

——斯皮达门

斯皮达门（俄语 Спитамена，波斯语 Spitamana，希腊语 Σπιταμένη，公元前 370—前 328），出生于巴克特里亚（今塔吉克斯坦粟特州和乌兹别克斯坦费尔干纳及萨马尔罕一带），是古粟特军事家。他在抗击希腊亚历山大·马其顿（公元前 355—前 323）东征的战役中，率领数千萨喀骑兵神出鬼没，开展游击战，英勇抵抗希腊侵略者，取得一系列胜利。后因亚历山大对中亚被占领地区采取拉拢和镇压的两手策略，当地部分贵族和部族被招安，而斯皮达门坚持抵抗，遂被不愿恋战的族人（一说其妻）出卖并杀害，将头颅献给亚历山大，死时年仅 42 岁。2001 年 7 月 31 日，塔吉克斯坦政府决定设立"斯皮达门勋章"（一级和二级），授予该国内务和安全部门表现突出的工作人员，以表彰他们为保卫国家边界安全和维护社会稳定所做出的贡献。

出身于粟特贵族的军事指挥官

出身于古粟特骑士家庭

斯皮达门所属的古粟特人源自波斯东部（今伊朗东部）的游牧民族，在阿契美尼德王朝统治时期，其家族迁徙到中亚阿姆河与锡尔河流域。斯皮达门的父亲是波斯阿契美尼德王朝的贵族，是大流士三世统治时期波斯军队在巴克特里亚与索格底亚那一带的高级指挥官。

斯皮达门是父亲唯一的儿子，但父亲对他并不娇惯，反而各方面都严格要求他，希望把他培养成名副其实的骑士和智勇双全的军事指挥官。斯皮达门出生、成长在草原，从小与牧人们生活在一起，熟悉草原生活的一切。可以说，他是在马背上长大的。受家族和父亲的影响，斯皮达门从小就与马打交道，他对自家每一匹马的脾气秉性都了如指掌。在他还不到10岁时，父亲就有意培养他骑马射箭的技能，经常在自家院子里和牧场上教他使用刀剑，让他练习在马上射箭。

斯皮达门少年时，家里的良种母马生了一匹小马，不论是体格还是长相，毫无疑问都是一匹难得的好马，父亲将这匹小马作为礼物送给了他。斯皮达门非常喜欢这匹小马，每天悉心照料它，并让它陪伴自己训练。一次，斯皮达门骑着小马到河对岸的村子办事，回来的路上遭遇暴雨，由于河水上涨，他骑着小马过河时被河水冲倒，在他和小马的奋力自救及路人的帮助下，才脱离险境，共同经历危险使斯皮达门与这匹马的感情更深了。之后，年轻的斯皮达门一直与这匹马相伴成长，骑着它参加了很多骑马和射箭的比赛，经常夺得第一。

作为骑士的父亲不仅希望儿子成为勇敢的战士，还希望他能成为具有正义感、保家卫国的骑士。在他十七八岁时，父亲对他进行了特殊的军事训练，比如让他蒙住眼睛射箭、骑着马射箭，要求他箭无虚发。作为部族高层指挥官的父亲，还带着斯皮达门参加与其他部落的战斗，以便让他成长为真正的战士及果敢、坚毅、睿智的指挥官。

青年精英的爱情罗曼史

斯皮达门十八九岁时，已经成为武艺超强、远近闻名的神射手。当地每年都会举办几次有摔跤等各种比赛的经贸性质的聚会，男女老少从四面八方赶来参加，如同过节一样热闹。当地的首领会宰牛羊招待客人，晚上还会举办篝火晚会。在篝火晚会上，首领和贵客在大帐里喝酒行令，顺便商议部落间的事情；而年轻人则围绕篝火唱歌跳舞，这无疑为男女青年相识相爱提供了良机。

在斯皮达门18岁那年的一次聚会上，他认识了达赫部落首领的女儿奥达吉达。奥达吉达长得玲珑可爱，美丽无比，斯皮达门从第一眼看见她就喜欢上了她。那天，他在聚会上喝了很多酒，回家的路上沉默不语，脑海里都是奥达吉达苗条的身影和会说话的大眼睛。之后几天，他把自己关在屋里，不思饮食，一直在想奥达吉达。父亲派家人了解事情原委后把斯皮达门叫到了跟前，确认儿子真的爱上了相邻部落首领的女儿，父亲有些为难。因为他们与达赫部落发生过多次冲突，近几年关系才缓和下来，对方能否答应和他成为儿女亲家，他心里没底。

但是，他还是差人前往奥达吉达家提亲，奥达吉达的父亲开始也有点儿犹豫，毕竟这是两个部落之间的大事。奥达吉达的父亲一边把客人留下盛情款待，一边与家人和部落长老们商议这门亲事。他了解到女儿对斯皮达门也有意，于是到第三天便同意了婚事。几天后，斯皮达门的父亲为儿子举行了隆重的婚礼，两个部落的长老和亲友纷纷前来祝贺。在此后几年里，奥达吉达陆续为斯皮达门生下三个儿子一个女儿（后来成为塞流克王朝的阿帕密皇后）。

斯皮达门40岁时，已成为波斯阿契美尼德王朝在巴克特利亚郡的重要军事指挥官，经常参加当地部族间的军事会议和长老会，是当地知名人物。

02

抗击亚历山大东侵的英雄

亚历山大·马其顿东侵

据希罗多德的《历史》记载，公元前7世纪左右，从中亚草原迁到伊朗的雅利安人分两部分，一部分是进入伊朗西北部的米底人，另一部分是进入西南的波斯人。波斯人也是由许多部族融合而成，阿契美尼德族（又译：阿赫门）就是其中之一。公元前550年米底人内乱，阿契美尼德族的首领居鲁士趁机打败米底人始建波斯帝国，史称"阿契美尼德王朝"（公元前550—前329）。阿契美尼德王朝是建立在一个包括众多部落和民族，具有不同历史文化，说着不同语言，没有共同经济基础的不巩固的军事行政联合体之上的王朝，但是这个王朝却延续了约200年。

公元前546年，波斯帝国消灭了吕底亚，并乘机进攻位于小亚细亚的希腊城邦。公元前513年，波斯帝国国王大流士一世（公元前522—前486）进一步控制了黑海海峡和色雷斯一带，直接威胁到希腊半岛诸城邦的安全与利益。大流士一世对希腊的战争前后历经了43年，终于在公元前492年夏与希腊订立了和约，结束了战争。就在希腊反击波斯入侵期间，希腊北部的马其顿逐渐壮大，国王腓力二世趁波希战争之际起兵，陆续打败希腊各城邦，迫使希腊人在公元前337年召开科林斯会议，承认马其顿对希腊的统治。随后，腓力二世决定以希腊统治者的名义远征波斯，为希腊报仇。但是，他尚未出征就遇刺身亡，他年轻的儿子亚历山大继位后，决定继承父业，继续东征波斯。

公元前334年，亚历山大率领约3.5万名步骑兵开始东征，此时的波斯帝国已经腐朽。公元前333年秋，波斯皇帝大流士三世亲率大军在伊苏斯迎战亚历山大，尽管波斯军队人数多，装备也算精良，但却被亚历山大的军队击溃。大流士三世要求议和被拒，被迫东逃，于是，亚历山大的军队长驱直入波斯首都波斯波利斯，并自称波斯王。公元前330年，大流士三世在逃到波斯东部的巴克特利亚时，被其宗室巴克特利亚总督别斯杀害，历时200多年的波斯阿契美尼德王朝就此覆灭。

别斯杀死大流士三世后自称是阿契美尼德王朝的继承者，但他在亚历山大军队向巴克特利亚的进攻中节节败退，甚至决定放弃抵抗，遭到巴克特利亚军事首领斯皮达门等人的坚决反对。

斯皮达门希望独立建国

在怎样对待亚历山大·马其顿入侵和统治波斯的问题上，斯皮达门和周围人的看法大相径庭，甚至产生了很大的冲突。以斯皮达门为代表的一派认为，他们原本就对波斯大流士王朝的统治不满，希腊人推翻大流士王朝为他们建立独立国家创造了机会，他们应在自己的土地上建立独立自主的民族国家。

斯皮达门说，粟特人过去受波斯人的欺凌，现在又要受希腊人的压迫，粟特人有权建立自己的国家，享有独立的生活。另一派则认为，希腊能够征服波斯大流士王朝，说明亚历山大及其希腊军队强大无比，抵抗毫无意义，不如顺其自然，接受亚历山大和希腊的统治，既可自我保全，还可继续过太平生活。

不论是粟特人、巴克特人还是赫列兹人都知道，别斯是大流士三世的宠臣和左右手。正因如此，大流士三世在与亚历山大作战失败后，才逃亡到巴克特里亚郡投靠别斯，而别斯却将他杀害并乘机取而代之。斯皮达门对别斯的这种逆行甚是不齿，而别斯在面对希腊军队进攻时表现出的愚蠢和懦弱更是引起斯皮达门等人的不满和坚决反对。

在一次与亚历山大的军队战斗前，斯皮达门命令手下逮捕了别斯，将他绑在希腊军队进攻时第一时间就能发现的一棵树上，实际上等于公开将他交给亚历山大处置。亚历山大喜出望外，以为这是斯皮达门向他表示合作的信号。为争取更多当地上层部族的支持，树立其"王者风范"和"正义之师"的形象，亚历山大以惩罚"弑君者"之名下令割去别斯的鼻子和耳朵，之后将他送到埃克巴坦纳处死，期望以此赢得波斯贵族、粟特等族军队指挥官及平民的支持。然而，让亚历山大始料不及的是，以斯皮达门为代表的巴克特利亚、索格底亚那军民早已做好保卫家乡的准备,他们与希腊军队展开了一场场反侵略的殊死战斗。

杰出的武装抵抗组织者

公元前329年,亚历山大率领希腊军队越过阿姆河向粟特郡首府玛拉坎达(今撒马尔罕)进发。作为军事指挥官的斯皮达门知道,与横扫欧亚、势头正劲的希腊军队正面作战,粟特人可能不是对手。但希腊军队的弱点是不熟悉当地地形和民情,斯皮达门正是利用这一点领导粟特军人与巴克特里亚人、索格底亚那人、马萨卡人、萨喀人等武装展开了对希腊侵略者的游击战。

公元前329年夏,希腊军队攻破玛拉坎达后,留下部分军队驻守,亚历山大率领主力继续东进攻打苏对沙那、忽毡等地,准备渡过锡尔河向费尔干纳地区进攻。但亚历山大未料到这一地区军民的抵抗如此顽强,完全打乱了他速战速决荡平波斯帝国和印度的战略计划。

公元前328年春,斯皮达门率领军队包围玛拉坎达,与驻守这里的希腊军队展开激烈战斗,最终赶走希腊守军,取得了抵抗亚历山大军队的首场胜利。亚历山大得知这一消息后,立即派3000骑兵驰援,斯皮达门在泽拉夫善河岸林地设伏迎敌。当希腊援军赶到时,斯皮达门率领军队充分利用地形优势伏击敌人，最终全歼前来施援的希腊军队，取得抵抗战斗的第二场胜利。

这一胜利鼓舞了当地军民的士气，也使亚历山大的军队在波斯境内所向披靡的势头第一次遭到重挫。此后，亚历山大留下部分军队在苏对沙那一带继续作战，他自己则亲自率领主力杀回玛拉坎达，决心消灭斯皮达门及其武装。

当希腊军队急行3天到达玛拉坎达时，斯皮达门已经率领军队撤退到北部草原，希腊军队扑了个空。亚历山大派军队追击斯皮达门，却遭到斯皮达门多次突袭，屡受重创，损失惨重。就这样，斯皮达门在当地百姓的支持和掩护下，与希腊军队展开"敌驻我打""敌追我跑"的游击战，甚至多次围攻被希腊军队再度占领的玛拉坎达。

亚历山大在苏对沙那和忽毡一带已经领教过斯皮达门打了就跑的战法，所以不敢追太远，于是下令对支持斯皮达门的玛拉坎达市及泽拉夫善河流域的居民进行残酷屠杀，焚烧他们的房屋和村庄、破坏农田。据文献记载，当地居民被屠杀者超过12万。[1]

斯皮达门和当地各族人民的奋起抵抗，使亚历山大的东进战略严重推迟，此时亚历山大也意识到，要征服中亚广大

---

[1] 阿里安：《亚历山大远征记》，北京：商务印书馆，1985年版，第127页。

地域上的异族，仅靠武力远远不够，还必须伴以必要的怀柔政策，才能达到长期统治的目的。于是他改变策略，一方面继续加强对斯皮达门等领导的当地军事抵抗力量的围剿，攻城略地，扩大军事战果；另一方面着手对被推翻的波斯王朝各地方原行政机构进行改造，对当地部落的上层人物实施封官许愿政策，起用他们出任地方行政长官或其他管理职位，通过软硬兼施的策略，促使他们归顺。

在此政策的诱惑和感召下，中亚不少原本就对波斯统治不满的地方政府和氏族部落首领开始主动表示愿意接受亚历山大的统治。如花剌子模国王法拉斯曼带领 1500 名骑兵到巴克特里亚，要求与亚历山大结盟，并答应帮助其平定里海沿岸各族。里海西岸的斯基泰人也派使者敬献重礼表示归顺。[1]

在巴克特里亚和索格底亚那等地也有一些部落首领表示愿意接受亚历山大的统治，其中包括巴克特利里亚的新首领奥克夏特，亚历山大还娶其女罗克珊娜为妻，以图双方永结同好。亚历山大的两手策略在巴特克里亚、索格底亚那等各部族上层引起了很大争议，但主张坚决抵抗的斯皮达门等仍坚持与希腊军队为敌，继续开展游击战。

---

[1] 王治来：《中亚通史（古代卷上）》，新疆：新疆人民出版社，2007 年版，第 67 页。

斯皮达门被出卖

斯皮达门在同样属于粟特人的玛撒塔伊人的掩护下，对亚历山大的军队不断进行出其不意的攻击。他们有时集中优势兵力，利用有利地形包抄并歼灭敌人；有时对驻扎在玛拉坎达、扎里亚斯普等战略要地的敌人发动偷袭。当希腊大军追赶上来时，他们又迅速退往草原或沙漠深处，让希腊军队吃尽了苦头。

斯皮达门准备用这种消耗战慢慢消灭希腊军队的有生力量。这让亚历山大寝食难安，极为愤怒。为彻底消灭斯皮达门及其支持者，亚历山大多次派手下带领数千人对斯皮达门及其武装队伍可能藏身的村庄进行"地毯式"搜查和围攻，他们本着宁可错杀也绝不让一人漏网的原则，将所遇到的每一个当地人都杀死。而斯皮达门依然带领队伍继续寻找有利时机袭击前来围剿的希腊军队。有一次，斯皮达门经过精心设计，把希腊军队引入泽拉夫善河的一个岛上，然后从四周向其射箭，希腊军队乱作一团，相互踩踏，其长矛和马刀无法施展，受惊的马匹与人一起被挤下河淹死。这一战，斯皮达门歼灭希腊军队数百人。

公元前328年深秋，斯皮达门率领3000骑兵进攻希腊军队重兵把守的巴噶要塞。经过激烈交战，斯皮达门的军队损失惨重，最后只剩下不到 800 人跟随他退到草原深处。希腊军队凭借已经归顺的当地人做向导，逐村逐户搜寻斯皮达门的下落。而此时斯皮达门与妻子正躲避在一个村子里，他的妻子早已对他坚持抵抗的态度不满，对跟随他过担惊受怕的日子也已厌烦，曾多次劝他投降或逃到一个无人知晓的地方平安度日，但都被他拒绝。这次，她又劝斯皮达门放弃抵抗，主动投降，以求得亚历山大的宽容。

正在这时，忽听外面随从来报，希腊军队已来到他们所在的院子附近，斯皮达门的妻子让他赶紧躲藏到屋里，她则留在外面作掩护。斯皮达门刚躲进屋里，希腊搜查队就进了院子，并问他妻子是否看到斯皮达门，他妻子用眼神示意斯皮达门就在屋里，于是几个希腊兵冲进屋子将斯皮达门抓走了。

也有说法是玛撒该塔依人跟随斯皮达门逃往了沙漠，后来他们了解到亚历山大已率大军追来，为了自保，就杀了斯皮达门，并把他的头割下来献给了亚历山大。[1] 不管怎样，斯皮达门没有死在与亚历山大军队的拼杀中，也没有死在希腊军队的刀枪下，而是死在了自己人手中。斯皮达门死后，亚历山大继续以镇压和拉拢两项策略应对当地各部族的反抗，

---

[1] 王治来：《中亚通史（古代卷上）》，新疆：新疆人民出版社，2007 年版，第 69 页。

终于在公元前327年彻底平息了受斯皮达门影响揭竿而起的各部族的抵抗，得以继续他东进阿富汗和南下印度的征程。

斯皮达门受到塔吉克人民的敬仰

斯皮达门的奋起抵抗让年轻气盛的亚历山大首次尝到了受挫的滋味，延迟了他的东征计划，鼓舞了位于阿姆河和锡尔河之间各部族联合抵抗侵略者的勇气，因而受到后世的传颂。

今天，在塔吉克斯坦和乌兹别克斯坦，斯皮达门的英雄事迹仍被传扬，并成为文学和艺术创作的主题，有不少地方还为他修建了纪念碑。2003年11月21日，塔吉克斯坦政府颁令，将该国索格特州苦盏市附近的一个区命名为"斯皮达门区"，以纪念斯皮达门这位抗击亚历山大·马其顿东侵的粟特族英雄。

塔吉克斯坦最大的银行也以斯皮达门的名字命名，还有一个火车站叫"斯皮达门站"。在乌兹别克斯坦塔什干和萨马尔罕，也有以斯皮达门的名字命名的街道。斯皮达门不仅是塔吉克斯坦的传奇人物，在乌兹别克斯坦也家喻户晓。

（作者王郦久）

一代明君

——索莫尼

萨曼王朝（Sulala Samaniyya），又称萨曼帝国，是阿巴斯王朝时期波斯人在中亚地区建立的波斯—伊斯兰教中央集权封建帝国（874—999），在10世纪是中亚乃至世界军事强国之一，其领土以乌兹别克斯坦为核心，囊括哈萨克斯坦南部、土库曼斯坦、塔吉克斯坦、阿富汗及伊朗大部分，与西部的布韦希王朝遥相呼应。它的创建者正是一代明君索莫尼。

索莫尼（849—907），全名纳斯尔·伊本·艾哈迈德·索莫尼（Nasr Ibn Ahmad Somoni），公元9世纪中叶为中亚河中地区的总督，是萨曼王朝的创建者和奠基人。他统一了分裂的中亚地区，为突厥—波斯—伊斯兰混合文明的形成奠定了基础，使得萨曼王朝成为雄霸中亚的大帝国。在他统治时期，塔吉克民族也逐渐形成。可以说，索莫尼是整个塔吉克民族史上最重要的人物。

01

家有英才初长成

出身于贵族

公元849年，索莫尼出生于费尔干纳谷地（今乌兹别克斯坦东部,其中一种说法)的贵族家庭,全名为纳斯尔·伊本·艾哈迈德·索莫尼。虽经多年研究,学者们仍未能就索莫尼的出生地达成一致意见,大部分学者认为他出生在费尔干纳,另一部分学者则认为他出生于今天阿富汗中北部的巴尔赫。

索莫尼所出身的萨曼家族是中亚著名的贵族,其始祖萨曼是从著名的宗教圣地巴耳黑(巴尔赫)迁来的移民。8世纪初,萨曼放弃拜火教,皈依伊斯兰教,并接受阿拉伯帝国哈里发的领导。萨曼家族的部分成员在塔希尔王朝初期,就被哈里发任命为中亚一些地区的总督。

从9世纪后半期起,萨曼家族开始管理阿姆河、锡尔河之间的部分地区,成为阿拉伯帝国在中亚地区的代理人。据史料记载,萨曼之子阿萨德的4个儿子努赫、艾哈迈德、亚希亚和伊利亚斯,都被派到地方任行政长官,其中索莫尼的父亲艾哈迈德被分派到了费尔干纳地区。

艾哈迈德精明强干,掌握着费尔干纳地区肥沃的土地,成为各兄弟之中的佼佼者。公元865年,艾哈迈德去世,他的长子纳斯尔接任其职务。此时,萨曼家族的控制范围已经扩大到整个河中地区,但名义上仍隶属于塔希尔王朝。[1]

---

[1] 许序雅:《中亚萨曼王朝史研究》,贵州:贵州教育出版社,2000年版。

索莫尼就是在这种背景下成长起来的，他自幼接受了良好的宗教、历史和文学方面的教育，表现出温厚、勇敢、坚定的特质。年少时，索莫尼就经常骑马游历城市与村庄，观察普通人的生活。他在与人交往时不霸道、不强势，以诚待人，真诚地为民众解决问题。

崭露头角

9世纪70年代，河中地区动荡不安，塔希尔王朝与萨法王朝争斗不断，两败俱伤，致使呼罗珊和河中地区出现了权力真空地带。

公元874年，名城布哈拉被塔希尔末代王公入侵，整个布哈拉被烧毁，百姓的财产也被掠夺一空。居民们奋起反抗，虽将外敌赶走，但当地贵族却无法消弭内乱。无奈，以著名的法学家阿布·阿卜杜勒为首的贵族写信给纳斯尔，请求指派一人来布哈拉出任行政长官。此时，驻守在撒马尔罕的两河地区行政长官纳斯尔任命弟弟索莫尼前往布哈拉。

年轻的索莫尼仅带领几名随从便前往布哈拉。在入城之前，他几次派信使与布哈拉原行政长官哈瓦里吉谈判，要求其效忠自己，并获得其认可。随后，索莫尼在当地贵族的迎接之下入城，受到了当地民众的欢迎和支持。入城后，索莫尼将哈瓦里吉投入监狱，为自己立威，又将一批不服从统治的贵族送到撒马尔罕软禁，直到统治巩固了才将他们放回。索莫尼短时间内就在布哈拉及周边地区获得了较高声望，并且增强了经济实力，这也为他此后同纳斯尔的争斗打下了基础。

纳斯尔逐渐走上了昏庸荒淫的道路，处理公事十分随意。与此同时，索莫尼的政治阅历日益丰富，在民众中的受拥戴程度逐渐超过了纳斯尔。布哈拉的民众在祷告时不再提及纳斯尔，而是歌颂索莫尼。

在统治布哈拉期间，索莫尼平定了多起暴乱，并抵挡住了塔希尔王朝残余部队对布哈拉的进攻，展现了自己卓越的军事才能。面对各地王公的内讧与争斗，索莫尼提出，只有建立独立的中央集权国家，才能实现稳定与和平，然而这一提议却被纳斯尔认为有篡位之心，对他愈发不信任。纳斯尔名义上给索莫尼安排助手与秘书，实际上却是为了监督和牵制索莫尼的行动。

索莫尼的政治实力不断增强，连年征战也使他拥有了丰富的作战经验。他借口因抵御塔希尔王朝的进攻耗资巨大，拒不缴纳税赋，这引起纳斯尔的强烈不满，两人之间的战争一触即发。公元885年，纳斯尔率军从撒马尔罕出发，前往布哈拉兴师问罪，并要求其他兄弟出兵援助。

面对来势汹汹的兄长，索莫尼采取"以退为进"的作战方针，放弃布哈拉，绕道直取纳斯尔的大本营撒马尔罕。但因纳斯尔军力较强，又恰逢饥荒，索莫尼的军队被阻截在半路，他只得向兄长求和。公元887年，双方休战，索莫尼承诺按时缴纳税赋，并让出行政长官的职位。

击败纳斯尔

虽然战争暂时平息，但两人之间的矛盾却丝毫没有消除，索莫尼在布哈拉的威望与实力依然存在。

公元888年，纳斯尔派人到布哈拉收缴税款，再次遭到索莫尼的拒绝，两人重启战争。这一次，索莫尼做了周密的准备，在已有军队的基础上又招募了志愿兵，并从花剌子模征召了部分军队。经过几个回合的斗争，索莫尼终于击败了纳斯尔的军队，并俘获纳斯尔。

索莫尼为了将纳斯尔手下的将士与谋臣收归自己所用，并没有摆出胜利者的姿态。当被俘获的纳斯尔被战士们带出来时，索莫尼不仅没有指责或挖苦兄长，反而立即下马对兄长行吻手礼，并请求兄长原谅。随后，他又搀扶纳斯尔坐上宝座，自己侍立在后，表示随时准备为兄长效劳。

索莫尼此举使纳斯尔的部下对他肃然起敬。此后，索莫尼将纳斯尔送去撒马尔罕，并在临别时当着众人的面对纳斯尔说："我将是你在布哈拉最大的代理人！"纳斯尔深知大势已去,默许了索莫尼的地位,此后一直被软禁在撒马尔罕。从这时起,纳斯尔只是名义上的君主,实际上整个地区的事务都由索莫尼管理。公元892年纳斯尔去世,整个河中地区完全归索莫尼掌管。

02

平定内乱,建立王朝

在夺取哥哥的权力后,索莫尼得以担任河中地区的总督,建立了事实上的萨曼王朝,但名义上仍臣服于阿拉伯帝国。

阿拉伯帝国的哈里发深知索莫尼在河中地区已树大根深,便试图利用呼罗珊统治者——萨法王朝的阿姆尔削弱索莫尼的实力。公元898年,哈里发将前来巴格达的中亚朝圣者招进自己的宫殿,当着他们的面宣读诏书,废除索莫尼,任命阿姆尔为河中地区的行政长官,并将诏书连同珍贵的礼物一起送给阿姆尔。哈里发想要通过挑拨阿姆尔与索莫尼的关系,巩固阿拉伯帝国在中亚的统治地位。

阿姆尔接到诏书后,果然开始反对索莫尼,并准备向布哈拉进军。索莫尼将手工业者和平民也武装起来,带领大批军队前往巴尔黑迎战阿姆尔。经过一年多的战斗,公元900年,索莫尼巧妙运用军事策略,包围并歼灭了阿姆尔的军队,从而统治了呼罗珊地区。

除打败呼罗珊地区的阿姆尔外,索莫尼在对北部游牧民族的战争中也连连获胜。为了保障布哈拉绿洲不受游牧民族的侵犯,索莫尼之前的统治者就在农业绿洲和游牧草原之间修筑了好几十公里的高墙,并每年派当地居民对这道围墙进行修缮。修缮工作十分繁重,当地百姓苦不堪言。

为了击败敌人,索莫尼亲自领导了各种会战及战役,最终将北方游牧民族彻底赶出了河中地区。击溃游牧民族后,索莫尼免除了布哈拉及近郊居民修缮城墙的劳役。他说:"我活着的时候,我就是布哈拉的城墙,我就是塔吉克人民的城墙。"

索莫尼顺应当地民众希望摆脱阿拉伯帝国统治的愿望,在阿拉伯人征服中亚地区以后,第一次统一了因内讧和外患而支离破碎的河中地区。索莫尼所建立的国家独立于阿拉伯帝国之外,又经过一系列战争,他把分裂的中亚地区统一起来,成为河中、呼罗珊、突厥斯坦、伊朗东部和北部至印度河流域的统治者,萨曼王朝成为一个强大的帝国。

在国家管理方面,索莫尼有着特殊才能,这也是萨曼王朝在取得大片土地之后能够稳定统治的主要原因。索莫尼制定了完整的国家管理制度,建立了一套中央集权的政权机构,组织了庞大的军队和宫廷卫队。

萨曼王朝的国家机构分为宫廷和各部。宫廷专管宫廷事务，10个部则分管政务、财政、外交、军队、邮政、市场、金库、土地、司法及寺院等方面的事务。当时的塔吉克语等同于国语。索莫尼建立的政治制度、军事制度不仅使河中地区获得和平，也使经济和文化艺术得到发展，为萨曼王朝之后的经济繁荣、国力强盛、文化艺术的空前发展奠定了重要基础。

在索莫尼统治时期，首都布哈拉成为中亚的政治、经济、科学和文化中心。9世纪中期，布哈拉已经修筑了拥有11座城门的城墙；布哈拉大广场成为萨曼王朝的政治生活中心；城市北部修筑的王宫和中央机关，大大改变了这座城市的面貌。

经济生活集中于城市中心，这在布哈拉成为中亚重要城市的过程中起了重要作用。布哈拉的城市中心出现了手工业者聚集的街道，他们在自己的作坊里工作，并且在那里进行买卖。整个布哈拉的中心成为集市，已经与此前以行政建筑为主的城市大为不同了。

索莫尼十分重视伊斯兰教的发展，建立了许多清真寺、宗教学校、图书馆等，留下了宝贵的文化遗产。萨曼王朝是塔吉克民族和国家发展和形成的重要阶段，是塔吉克斯坦历史上的鼎盛时期，其领土从锡尔河以北的草原地带延伸到了波斯湾。

萨曼王朝时期，哲学、数学、天文学、医学、地理学、文学和史学等方面都处于世界先进水平，涌现出一批世界著名的科学家、学者和诗人，如塔吉克古典诗歌奠基者鲁达基，哲学家阿布·纳斯尔法·拉比，哲学家、医学家阿布阿利·伊本·西拿，六分仪的研制者、天文学家、数学家阿布尔·马赫穆德胡·江季，等等。

萨曼王朝的没落

公元907年11月22日，年仅58岁的索莫尼去世，葬于布哈拉。对于他的死因目前尚无确凿的史料。他没有像亚历山大那样连年长途征战，也没有像巴布尔那样嗜毒如命，有苏联学者怀疑他是被人毒死的，对于这种说法，直到现在也没有定论。基于索莫尼极高的历史地位，其在布哈拉的陵墓一直没有被发掘。

索莫尼去世后，纳斯尔之子阿赫玛德·伊本·伊斯莫尼继位，至此，萨曼王朝和平统一的时代结束了，河中地区发生了一系列叛乱，各地的王公贵族揭竿而起。萨曼王朝费了很大的力气才把叛乱镇压下去。

阿赫玛德·伊本·伊斯莫尼为人暴戾，不善朝政，招致禁卫军仇视，在一次打猎时被自己的奴仆杀死。公元914年，阿赫玛德·伊本·伊斯莫尼的儿子纳斯尔二世继位，萨曼王朝迎来了短暂的辉煌，而这也是萨曼王朝最后的辉煌时期。当时主持朝政的宰相是阿布·阿卜杜勒·穆哈默德·伊本·阿赫玛德贾·伊霍尼，他是萨曼王朝最有学问的人之一。纳斯尔二世于公元943年去世，其子努赫·伊本·纳斯尔继位，萨曼王朝开始出现财政危机，并逐渐衰败。

公元999年，萨曼王朝的军队在喀拉汗王朝的多次进攻下终于崩溃。喀拉汗王朝的纳斯尔伊·列可汗占领了萨曼王朝的首都布哈拉，并把所有王室成员投入监狱，从此，萨曼王朝不复存在。

11世纪初期，虽然出现过一些打着复辟萨曼王朝的旗帜，反对喀拉汗王朝统治的势力，但均以失败告终。曾经强盛一时的萨曼王朝在索莫尼去世后不到一个世纪，就灰飞烟灭了。

塔吉克民族的象征

苏联解体后,塔吉克斯坦成为独立国家。明确"身份认同"、填补后苏联时期"意识形态真空"、宣扬本民族文化传统、增强民族凝聚力,成为塔吉克斯坦领导人面临的主要任务。

索莫尼对塔吉克民族的形成影响重大,而萨曼王朝也是塔吉克民族最为辉煌的时期。独立后不久,塔吉克斯坦即陷入内战,此时宣扬索莫尼对于民族和解、国家稳定显得尤为重要。于是,拉赫蒙总统大力宣扬索莫尼在塔吉克民族历史中的重要地位,称他为"民族之父",称萨曼王朝为塔吉克的"黄金时代",并与欧洲文艺复兴时期相媲美。

民族象征

索莫尼的历史功绩与塔吉克斯坦增强民族凝聚力的需求是相吻合的。

首先,在索莫尼统治时期,他反对阿拉伯帝国的哈里发,并成功巩固了自身统治,这对于巩固塔吉克斯坦的国家独立、反对外来干预,尤其是来自中东国家"泛伊斯兰化"色彩的思想和文化渗透具有现实意义。

其次，在索莫尼统治时期，他成功地平定了国家内乱，实现了民族内部的团结，宣传他的历史功绩有助于稳定因内战而陷于动荡的国内局势。

再次，萨曼王朝的祖先讲波斯语，与伊朗同根同源。

最后，索莫尼所处的萨曼王朝初期也是塔吉克民族与塔吉克语言形成与成熟的时期。索莫尼的历史功绩不限于政治与民族层面，在文化教育层面也有十分重要的意义。

纪念潮兴

1999年，为纪念萨曼王朝建立1100周年，塔吉克斯坦政府在首都杜尚别市中心修建了华丽的广场，并树立起巨大的索莫尼金色雕像，他的身后是有着金色皇冠的巨型拱门，两侧安放着青铜狮子，整个景观气势恢宏。其他城市如库尔干秋别、苦盏也建造了索莫尼的纪念碑，还有许多城市的主要街道都以索莫尼命名。

为庆祝萨曼王朝建立1100周年，塔吉克斯坦政府还专门组织多名历史学家对萨曼王朝进行考古研究，并组织了多场大型学术会议，拉赫蒙总统也频繁出席。2001年，塔吉克斯坦政府设立了索莫尼奖章，奖励在国家建设、军事、文化、社会慈善等方面做出卓越贡献的公民，由总统亲自颁发。此外，塔吉克斯坦政府还将苏联时期的最高山峰——海拔7495米的共产主义峰（1962年以前为斯大林峰）改名为索莫尼峰，并组织了国际登山活动，邀请多国70余名登山爱好者参与。

2000年，塔吉克斯坦发行新货币，命名为"索莫尼"，取代此前的塔吉克卢布，索莫尼的头像被印到了新货币上。从此，这位塔吉克斯坦古代君主走上了国际经济舞台，被更多国家所熟知。

塔吉克斯坦政府对索莫尼的宣扬，在很大程度上与邻国乌兹别克斯坦有关。中亚各国独立后，为增强民族国家人民的主体意识，他们不约而同地将本民族的著名人物作为宣传对象。同为中亚古老民族的乌兹别克斯坦，将曾称霸欧亚大陆的帖木儿大帝视为民族英雄。在此背景下，塔吉克斯坦也在杜尚别中心广场修建了索莫尼雕像。

中亚的历史悠久且复杂，各个时期国家的版图也不尽相同。乌、塔两国还因宣扬各自的民族领袖或杰出人物而产生矛盾。众所周知，萨曼王朝的都城在布哈拉，索莫尼最早也是在布哈拉地区发迹，并为世人留下"我活着的时候，我是布哈拉的城墙"这一千古名句，索莫尼的陵墓也在布哈拉。

然而，在苏联时期，布哈拉被划归乌兹别克斯坦，各国独立后，布哈拉仍在乌兹别克斯坦境内，而塔吉克斯坦的许多人认为，布哈拉应归塔吉克斯坦管辖。

在杜尚别市中心的索莫尼雕像后，有萨曼王朝作为古代塔吉克斯坦的版图，其中包括布哈拉与撒马尔罕。塔吉克斯坦对于索莫尼的宣传，在一定程度上起到了凝聚民心、增强民族意识的作用。

（作者叶天乐）

波斯古典文学创始人

——鲁达基

鲁达基，全名阿布·阿卜杜拉赫·贾法尔·鲁达基（Rudaki, Abu Abdollah Ja'far，约公元858—941），波斯诗人，出生于中亚重镇撒马尔罕附近的鲁达克村（今塔吉克斯坦彭吉肯特附近潘集鲁德村）一个农民家庭。他自幼聪慧过人，8岁已熟谙《古兰经》。他精通阿拉伯文学，熟悉古希腊哲学，甚至通晓天文学，他还是一位音乐奇才，是远近驰名的演奏大师。按照中世纪诗人都受到王公贵族保护的传统，在萨曼王朝第三代国王纳斯尔时期任宫廷诗人，并受到极高礼遇，成为首屈一指的大诗人。晚年因为失宠被逐出宫廷，于贫困交加中去世。

据考证，他著有诗集近100卷，超过130万行，包括赞颂诗、四行诗、抒情诗、哲理诗等，但流传下来的诗已不足2000行。

他最著名的叙事长诗是《卡里来和笛木乃》，可惜只残留下一些片段。他的诗歌体裁多样，题材丰富，基调开朗豪放，不仅歌颂大自然的美丽和生活的欢乐，而且歌颂帝王的功绩和王朝的兴盛。他在对人民的疾苦表示同情时，对贫富悬殊的社会现象和统治者的伪善也表示了不满。

他是塔吉克—波斯古典文学的始祖，波斯语诗歌之父，波斯文坛的艺术巨匠和导师，呼罗珊诗歌风格的奠基人。鲁达基是乐天者和自由思想家，他的教诲和训诫多能给人以启发和鼓舞。1958年，我国人民文学出版社出版了潘庆舲译的《鲁达基诗选》。

01
传奇的一生

身世成谜

有关鲁达基出生的年份，说法不一，从850年到880年，跨度达30年。由于缺乏文献资料，大部分学者只能通过他去世的年份推断他应当出生于9世纪50年代中后期。

不仅出生时间难以确定，关于鲁达基的出生地也有布哈拉、撒马尔罕和潘集鲁德村三个说法。1940年，塔吉克斯坦著名作家艾尼得出结论，称鲁达基出生于撒马尔罕附近的鲁达克村，并葬于此。

有关鲁达基家庭的记载也很少，历史学家普遍认为，从他8岁熟谙《古兰经》且能演奏乐器，以及当时中亚地区农村的状况推断，其父应当接受过一定的宗教、文学和音乐方面的教育，即便不是宗教神职人员，也是村里的"文化人"。鲁达基接受文学、音乐教育的年龄应当在五六岁，且至少每天都能接受类似的教育。

还有学者就鲁达基的主要生活地点产生了争论，一部分学者认为鲁达基从家乡去了萨曼王朝政治、经济、科学和文学的第二中心——撒马尔罕。鲁达基在撒马尔罕接触到许多神学家、僧侣、诗人和歌手。另一部分学者认为鲁达基实际上是去了布哈拉，并在那里继续创作。

鲁达基身上还有一个未解之谜——是否先天失明。公元10世纪初期，即鲁达基在世时的许多文献指出，他自出生起就是个盲人，有着超常的记忆力和理解力，因此能够熟记《古兰经》、通晓音律。12世纪至13世纪的许多学者也持同样的观点。

直到苏联时期，苏联和西方的许多历史学家、人类学家提出了不同的观点，并积极运用考古成果验证。这些学者认为，根据鲁达基诗歌中贴切而充满想象力的描述，他不可能是个盲人。同时，如果他先天失明，也很难被萨曼王朝的君主纳斯尔二世召入宫中。此后，苏联著名人类学家格拉西莫夫教授根据鲁达基遗骨的复原像判断，鲁达基应当是成年之后失明的，是被烙铁烫伤了眼球。根据其老年被逐出宫廷进行推断，可能是遭受了酷刑。

许多世纪以来，塔吉克人（伊朗以东的民族）与波斯人（现伊朗境内的民族）的历史命运密切相关。约在7—13世纪，这一地区的人民使用同一种语言——波斯语；9—15世纪，出现了一批用波斯语写成的文学经典作品，这些作品也把塔吉克与波斯两个民族更加紧密地联系在了一起。

萨曼王朝是建立在中亚地区的波斯—伊斯兰教封建王朝，是10世纪中亚乃至世界的强国之一。萨曼王朝统治时期，波斯文化复兴，这为突厥—波斯—伊斯兰混合文明的形成奠定了基础。

萨曼王朝时期，布哈拉和撒马尔罕成为中亚伊斯兰教文化名城。布哈拉兴建的宫殿富丽堂皇，是当时的建筑珍品。规模宏大的皇家图书馆藏书丰富，收藏有《古兰经》珍本和各学科的手抄本，堪称学术宝藏。撒马尔罕兴建的大清真寺、伊斯兰经学院和天文台，是萨曼伊斯兰学术文化高度发展的象征。

在纳斯尔二世时，布哈拉学者云集，求学、研究、著述蔚然成风，出了不少闻名于世的大家。萨曼王朝通行突厥语、阿拉伯语，但政府规定官方通行文字为波斯文，并大力推广波斯语。萨曼王朝是文学艺术和波斯语的复兴者。

天才歌者

鲁达基就是在这样的历史文化背景下成长起来的，他学习波斯语，并使用波斯语写作。幼时的鲁达基聪慧过人，极具音乐天赋，不但诵经出色，而且会唱很多名偈。

他从音乐家阿布尔巴尔克·巴赫契耶尔那里学会了弹琴，能自弹自唱，声音圆润动人，不久便成为遐迩闻名的歌手。他还会自己编词，自己写诗歌。在成年之前，他已经游历了周边的许多地方。这不仅使他开阔了眼界，也为他的诗歌与音乐创作提供了不竭的源泉。

鲁达基深切同情底层劳动人民的疾苦，他的许多诗作都歌颂了劳动人民的勤劳和善良，揭露了统治者的伪善与残酷，充满了生活气息和哲理。

作为一名民间歌手和乐师，鲁达基美妙的歌喉、诗歌才能和娴熟的乐器演奏技巧总是能够吸引大批观众。他被认为是赋诗的大师、天才的歌者。

宫廷诗人

鲁达基因卓越的诗歌与音乐才能而声名远播，很快受到当时的统治者——萨曼王朝纳斯尔二世的关注。纳斯尔二世是萨曼王朝的第三位君主，在他统治时期，国家经济欣欣向荣，内战也暂时平息。他一方面招揽贤臣为自己出谋划策；一方面鼓励文化发展，把一些文人骚客召入宫中，让他们专心创作。

正是在这种历史背景下,独具才华、聪慧过人的鲁达基被召入宫中,成为一名御用诗人,人们称他为"鲁达克人",即"鲁达基"。从一个普通的小村庄到金碧辉煌的皇宫内院,鲁达基可以说是"一步登天"。在宫廷的40余年,他不曾中断创作,深得纳斯尔二世的喜爱与信任。

有关鲁达基是何时及如何被召入宫廷的史料较少,学者们也有争论。大部分学者认为鲁达基是公元900年前后被召入宫,并获得了大量的财富与极高的地位。据称,他当时"拥有两百多个奴隶,出门乘坐四头骆驼拉的篷车,极尽奢华,没有一个诗人能够获得这样的殊荣"。

鲁达基是一位高产的诗人,他的诗歌结构简洁,语言优美流畅,对塔吉克诗歌的形成与发展影响深远。鲁达基一生创作的诗歌约有130万行,流传至今的仅有2000多行。他的诗歌多描述自然风光,歌颂人生乐趣,几乎没有宗教的内容,代表作有卡瑟达颂诗《酒颂》、自传体颂诗《老年怨》、长诗《卡利拉和笛木乃》等。

在宫廷中,鲁达基和其他被选召的诗人成为良师益友。他培养了许多塔吉克青年诗人,如阿布尔哈桑·沙希德·巴黑耳、穆罗季·布霍罗伊等。他的诗歌成就很高,成为后代塔吉克诗人学习的典范。

虽然身为宫廷诗人，但鲁达基并不经常写赞美诗，反而对宫廷的奢侈和勾心斗角予以尖锐的讽刺。公元937年（一说940年），他因故被逐出宫廷。至于他被逐的原因没有确切的史料，有一种说法是他与被撤职的宰相巴拉米关系密切，引起纳斯尔二世不满所以被驱逐；还有一种说法是他参与了卡尔马特教派的反抗，所以受盲刑后被驱逐。

伊朗学者赛义德·拉菲斯认为，鲁达基被驱逐是因为他反对纳斯尔二世的某些做法，同时，他的诗词被萨曼王朝的敌人利用。此外，由于鲁达基在宫廷中地位很高，受到一些大臣的嫉妒和诽谤，因此才被处刑并驱逐。据称，鲁达基在被驱逐前曾对纳斯尔二世说："历史会记住你（纳斯尔），一位蒙蔽伟大诗人的统治者！"之后，纳斯尔对自己的行为感到愧疚，希望用金钱对鲁达基进行补偿，但遭到鲁达基的拒绝。

虽然我们无法知晓鲁达基被驱逐的真实原因，但可以确定的是，他从此失去了所有的财富和地位，重回平民之身。回到故乡后，鲁达基没有了生活来源，也无人救济，只得靠乞讨为生。由于双目失明，他几乎丧失了生活能力。在极度贫困与绝望中，鲁达基于公元941年死于家乡鲁达克村。

03

成就斐然

鲁达基的作品深深影响了波斯—塔吉克的整个文学发展史，其诗风在整个中亚、伊朗乃至土耳其地区广为流传，持续至今。

一千多年来，塔吉克人在鲁达基的名字前总会加上"乌斯塔德"（老师）这个词，以表示尊敬与钦佩。鲁达基的作品是后人了解萨曼王朝的一面镜子，我们可以从中一窥当年强盛繁荣的中亚萨曼帝国。

鲁达基孜孜不倦地书写了众多传世佳作，表达了公元10世纪时人类的理性、知识、美德。

鲁达基不仅是"霍拉桑体"诗的奠基人，也是颂诗、四行诗的创始人。此外，他还精通抒情诗、哲理诗。鲁达基的诗歌朴实无华、感情真挚，深受普通劳动人民的喜爱。他的四行诗类似中国古代的绝句，短小精悍，内容充实，韵律严谨。诗人用有限的篇幅或抒发感情，或述说思绪，或描绘生活中一个个小场景，其中充满了奇思妙想与生活智慧，让人百读不厌。

鲁达基的颂诗代表作是长诗《酒颂》，长达190行，全诗只用了一个韵脚，音律美妙，语言简洁。他的抒情诗朴实明快，寓意深刻，充满民歌风味；他的哲理诗言简意赅，富有教诲和训诫意义。鲁达基出身普通家庭，与人民大众有深入接触，了解民间疾苦，对劳动人民抱有深切的同情。在他的诗中，常能看到歌颂平民百姓，鄙视统治阶级的描写，比如"有取有舍的人多么幸福，寡情的守财奴才是不幸"。

这种朴素的情感，并没有随着诗人被召入宫廷而淡漠，反而更多地在其作品中体现。在《应干好事》中鲁达基写道："这些人佳馔珍馐，肠肥肚满；那些人却是饥肠辘辘，不得饱餐。"

在《命运与生命》中，他认为"人们的命运终究不外两种结果——或者作威作福，或者任人宰割"。在《犯罪与无罪》中他说："假如贵族们犯了法而不被判刑，我如此地安分守己，怎么能算犯禁？"在《这些人和那些人》中他揭露："这些人桌上摆满了肉和精致的杏仁糕，那些人却饥肠辘辘，连大麦饼也难弄到。"[1]

鲁达基虽然身在宫廷，拥有巨大的财富与极高的地位，但他并没有忘记普通大众，仍然心系人民。他通过王公贵族和贫苦大众生活状态与心理世界的对比，表现出对不公现象

---

[1] 李濛：《鲁达基作品中的理性思想研究》，载《北方文学》，2014年第8期，第34—35页。

的不满，抒发了"人人平等，天下大同"的朴素思想。这种思想即使在今天也是极其珍贵的，何况在一千多年前的萨曼王朝。

鲁达基是乐天者和自由思想家，他歌颂美丽的大自然、真挚的爱情和欢乐的生活。他的诗有高度的艺术技巧，囊括了热情和冷静、欢愉和哀伤、信任和怀疑、现实和理想等各个方面。

他的教诲和训诫多能给人以哲理性的启发和鼓舞，譬如他在《卡利拉和笛木乃》中写道："知识就像心中闪闪的明灯，又如身上的铠甲，能够抗灾防病。没有比知识更珍贵的财宝，你若不信可以到处去寻找。"

鲁达基很早就认识到了知识的重要性，他之所以能被召入皇宫，正是因为他的才学与知识。他也正是从自己的亲身经历中感悟到了知识的重要性。

鲁达基的代表作《老年怨》，充满了对人生的沉思和感悟，这既为我们提供了关于诗人生活的宝贵资料，又是一首颇为教益的诗歌。他在《老年怨》中回忆道："你不知，那时，我走遍世界——哼着歌儿，像只夜莺。"在这首诗里，诗人用大量篇幅描绘自己才貌超群、风流倜傥、春风得意的青年时代。那时，"我没有妻子儿女，没有家庭的累赘；生活得逍遥自在，一切都我行我素"；那时，"我的诗歌——誉满整个世界;'霍拉桑诗人'便是我独享的美名"。到结尾处,诗人的笔锋突然一转,写道,"然而现在年华已逝,我已变成了另外的模样。拿来拐杖吧!我须拄杖荷袋、行乞为生",与前者形成了鲜明的对比。

此外,值得称道的是,诗人并未把这种变化归于"时运"等偶然因素,而认为是"循环旋转"的宇宙不停运动的规律,即所谓"新的事物随着时光变得陈旧,腐朽衰老将随着时光获得新生"。他写道:"宇宙总是这样循环旋转,时光像山泉小溪流水潺潺。多少繁茂的花园变成荒凉的旷野,而那不毛的沙漠却变得郁郁葱葱。"这就赋予了这首诗浓厚的哲理,引人深思。

在一篇文章中他还思索着:"也许,我们充满罪恶和暴力的星球最终会听到诗人的声音,听到他从岁月深处向后辈们提出的警告。"中世纪的人通常不会把占卜的厄运看成是个人命运的变故,而是将其归为上帝的预先安排。但伟大的诗人用充满哲理和智慧的眼睛审视这预先安排,看到了宇宙的循环往复。他用这一宇宙模式来描述的宇宙变化周期,原则上不仅可以支配个人命运,还可以影响民族、文化和文明的命运。

由于鲁达基长期担任宫廷诗人,不可避免地创作了一些颂扬君主的诗歌。

在萨曼王朝时期，波斯文化之所以得到复兴和发展，除社会因素外，还和统治阶级笼络了一批文人分不开。如果宫廷诗人不歌颂君主，恐怕也难以留在宫中。不管怎样，这些赞颂君主的诗歌，从一个侧面反映了当时的内廷情景，在写作方法上也有值得借鉴之处，但不能算作精品。

04 影响深远

自苏联时期以来，鲁达基在塔吉克斯坦的地位被一再提升。杜尚别市中心最重要的街道以"鲁达基"命名，中央广场上矗立着他的雕像，潘集鲁德有鲁达基的陵墓，撒马尔罕的列基斯坦广场上有鲁达基纪念碑，同时有一条街道也以其名字命名。水星上的一个火山口也被命名为鲁达基火山口。

在文化领域，1958年，为纪念鲁达基诞辰1100周年，印有鲁达基肖像的邮票正式发行；1959年，苏联拍摄了电影《诗人的命运》，记录了鲁达基的一生。苏联解体后，塔吉克斯坦国家历史博物馆以"鲁达基"命名。

2008年，塔吉克斯坦发行鲁达基纪念币；2010年，塔吉克斯坦新版索莫尼中，鲁达基的肖像被印在了币值500的钱币上。2013年，布克奖的获奖作品《回到潘集鲁德》正是以鲁达基为主角。

在同样有着悠久历史与灿烂文化的中国，鲁达基也有很高的知名度，他的许多有关爱情、人生的诗句被中国文学爱好者广泛传颂。与此同时，文学界也十分注重对鲁达基诗歌的译介和研究。1958年，人民文学出版社出版了潘庆舲译的《鲁达基诗选》，后与欧玛尔·海亚姆、萨迪和哈菲兹等波斯诗人的作品一同被收入《世界名著文库》。2017年，商务印书馆出版了张晖翻译的《鲁达基诗集》。2011年3月，新疆师范大学成立了鲁达基研究中心，以推动新疆师范大学对塔吉克斯坦语言、文学研究的发展。[1]

（作者叶天乐）

---

[1] 井波：《新师大成立鲁达基研究中心》，载《新疆日报（汉）》，2011年3月28日。

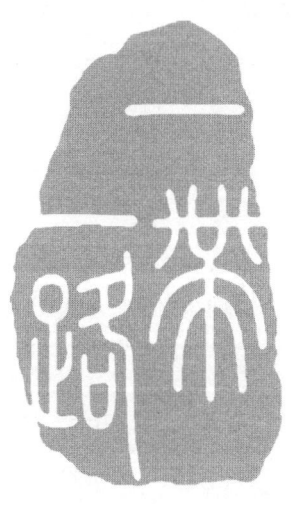

苏菲派著名思想家、传教者

——哈马多尼

哈马多尼，全名为米尔·赛义德·阿里·哈马多尼（Mir Sayyid Ali Hamadani，1314—1384），公元14世纪塔吉克著名的苏菲派[1]思想家、传教者和教育家。他的思想是塔吉克民族文化宝库中不可或缺的瑰宝。

他一生为世人留下了大量的科学、哲学和文学遗产，各类文章传世的有170余篇，主要是短篇论述性文章，最著名的两篇著作是《论贫困》和《论国家》。

01
传教人生

公元1314年（伊斯兰教历714年）10月22日，米尔·赛义德·阿里·哈马多尼出生于今伊朗哈马丹的一个贵族家庭。

哈马多尼的父母都是开明的文化人，并且对宗教很有研究，因此哈马多尼从小就接受了良好的宗教与文化教育。在青年时期，由于执着于寻求宗教中的真理，哈马多尼放弃富裕的贵族生活，游历各地，寻师求学，广泛接触伊斯兰教学者和苏菲派思想家，接受苏菲主义学理，成为苏菲游方传教

---

[1] 苏菲派是伊斯兰教的一大神秘派别，产生于7世纪末期，盛行于中亚、中东、北非地区。

者。据史料记载，他曾经到过现在的塔吉克斯坦、阿富汗、巴基斯坦、印度、沙特阿拉伯、埃及、土耳其、斯里兰卡、中国西藏及其他地方。

哈马多尼一生为世人留下了大量的科学、哲学和文学遗产，其各类文章传世的有170余篇，主要是短篇论述性文章，最著名的两篇著作是《论贫困》和《论国家》。在《论贫困》中，哈马多尼论述了苏菲派的苦修禁欲及两世观；在《论国家》中，他就政治和宗教伦理学关系问题进行了论证与思考。

据考证，哈马多尼的死亡日期为公元1384年（伊斯兰教历786年）1月19日，彼时他仍在传教的路上。根据哈马多尼的遗嘱，其门徒和信徒把他的遗体运送到胡塔良（今塔吉克斯坦库里亚布市境内）埋葬，后修建了陵墓，保存至今。

在塔吉克—波斯宗教哲学中，关于苏菲派起源问题的思考与解释是十分重要的部分，而哈马多尼在这方面的阐述非常多。

哲学追问和探讨

在塔吉克诸多杰出的思想家中，哈马多尼对塔吉克哲学与文学思想的发展具有重要意义。他不仅创立了自己的哲学学派，在苏菲教派中也享有较高的声望，并且有大量的追随者和弟子。

有趣的是，哈马多尼的哲学宗教思想很大程度上得益于古希腊的哲学思想。哈马多尼在苏格拉底与普罗提诺思想的基础上，继续探索人类存在的意义，并且不断寻求"什么是人？人的本性、本质、目的是什么？是什么决定了人类生命的意义和价值？人类存在的基本问题是什么？对人的哲学本质又该如何理解？"等问题的答案。

哈马多尼提倡人的精神完美，认为没有精神上的完美，就不可能建立公正公平的人类社会。他认为人具有伟大的创造性，并歌颂人类的力量与普遍价值认同。

13世纪，伊斯兰神秘主义哲学家伊本·阿拉比（1165—1240）将苏菲神秘主义发展成以"万有单一论"为核心的泛神论哲学思想体系，赋予其神秘主义哲理和思辨的性质。这一时期，苏菲派在伊斯兰思想文化领域十分活跃，出现了吉拉尼、苏哈拉瓦迪、阿塔尔、法里德、鲁米、贾米等著名学者。

哈马多尼继承了伊本·阿拉比的思想，并在自己的著作中对阿拉比的言论加以评注，进一步发展了其有关人的地位与意义的定义。应当说，哈马多尼的思想已经超越了民族与宗教，为人类思想文化的发展做出了重要贡献。他提倡苦修禁欲，追求心灵的纯净，但不主张脱离现实生活。他呼吁诚实、正义与真诚的友谊，赞颂一切正直与美德。他说："应当竭力追求'苏菲派的贫穷'，其含义不是缺乏物质财富，而在于缺乏所有感，在于使'灵魂'脱离财富。"

02 重视家庭与教育

哈马多尼在各国旅行的过程中,广泛了解各国人民的生活方式、风俗、礼仪与传统,并试图分析不同民族兴衰的原因。同时,他意识到家庭、学校、教师、知识对人的性格形成的重要性,并因此坚持传教、广收门徒,帮助年轻一代成长。

哈马多尼曾在自己的作品中写道,教育的目标就是培养"社会中的完美人",应当重视青年人道德与精神方面的塑造。他认为,"完美的人"的道德与物质世界都是丰富的,他们拥有纯洁的道德,并且能够净化世间的所有邪恶。他将人的一生分为童年、青春期与成年期,人在不同的时期有不同的权利与义务,并且其精神世界也在不断净化和丰富。

哈马多尼认为,人体的美是真主赋予的,而道德和精神世界的丰富与完善则取决于学习和教育。因此,他高度重视学习和教育,以便成为"完美的人"。与此前的学者不同,哈马多尼更加重视人的道德与精神的美,而不是歌颂自然、艺术与文学。他认为道德与精神的美在形成对真主坚定信仰的过程中起着根本性的作用。道德美可以引导一个人具备诚实、正直、负责任、优雅的良好品质，拥有这些心灵与精神的力量之后，才有可能成为"完美的人"。

哈马多尼在他的作品中写道："当知识之光照耀人类，学者的一瞬智慧火花，将成为美好的永恒。"

哈马多尼非常重视家庭教育在人的成长过程中的作用，并指出了家庭教育的途径、方法和主要方向。他认为，人的受教育过程，包括学习科学知识和技能，培养良好的精神和道德素质，而这在很大程度上取决于家庭教育。

哈马多尼强调家庭的包容性、父母之间和谐积极的关系、家庭各成员之间的尊重，这些因素都是家庭教育的主要支柱。他认为，一个人在成长过程中所培养的勇敢、仁慈、谦逊、真诚、尊重等特质，都来自父母和其他家庭成员之间的和谐关系，这也是维系家庭和社会的最重要的纽带。

在哈马多尼的教育体系中，家庭教育处于中心地位。家长和其他家庭成员（长辈）需要通过各人的说教与熏陶，为子女树立好的榜样，引导子女形成优良的品质，学习先进的文化，拥有良好的与人沟通的能力。在学习科学知识、手艺与职业技能的过程中，父母对子女的影响起到了基础性的作用。

哈马多尼认为，好的家庭氛围是孩子获得良好道德和学习能力的基础，而教师与学校则在知识汲取、形成正确的判断、学习先进文化等方面发挥着重要作用。家庭教育是个人发展的基础阶段，而要培养优良的品质，必须跟随有渊博知识和优秀品格的教师和思想家学习。

在多年的长途旅行和教学中，哈马多尼认识到，好的师生（师徒）关系、顺畅的沟通及深入的探讨，对学生的成长十分重要。哈马多尼认为，在师生关系中，教师居于主导地位，要有良好的人格与道德品质，并接受过良好的教育，有足够的智慧。只有这样，教师才能成为学生的榜样，并对学生的行为产生积极的影响。

与此同时，哈马多尼提出，学生在受教育过程中对教师必须尊重、忠诚，要听从教师的教诲，尊重教师的工作。教师与学生之间必须始终保持真诚、关爱、信任、尊重的关系。

为提高教育质量，哈马多尼提倡使用对话、讲座、小组讨论、自学等方法，这些方法具有前瞻性，直到现在仍被广泛使用。他还指出，学习各类知识的过程不仅能增长见识，也是与人沟通、认识生活、感悟人生、提高道德情操的过程。

朴素的政治理想

哈马多尼认为，国家兴盛的前提是统治者要公平、正义、政策开明、重视民众的力量、勇于改革。统治者应当支持和捍卫劳动人民与弱者的利益,这样才能保证公平;在同情弱者的同时,要严厉打击暴徒与投机分子。

自1372年起,哈马多尼曾3次到德里苏丹国统治下的克什米尔传教。这不仅是哈马多尼人生的转折点,也是克什米尔地区历史上的重要转折点。正是哈马多尼在克什米尔的传教与社会活动,激活了这一地区的社会文化变革。

1372年,当哈马多尼抵达克什米尔时,这一地区正处于历史上的低谷期。当时,克什米尔经济凋敝,佛教的影响力减弱,达官显贵残酷剥削普通百姓,内战与民众暴动频繁,道路与城市被毁坏,道德沦丧。在此背景下,民众渴望改变,盼望有新的信仰能够使这里重返辉煌。哈马多尼来此传教后,首先提出要团结,要摒弃此前印度教、佛教的所谓"种姓论""贫富论",倡导人人平等。

哈马多尼受到当地首领沙·米尔札的礼遇,对他的问政知无不言,言无不尽。他向米尔札讲道,宣扬人民福祉才是领地得以长治久安的关键,并建议米尔札推行适合民众的、促进生产力发展的政策。

哈马多尼还是一位社会改革家,他认为,没有经济与文化的解放与发展,宗教的解放与发展是缺乏基础的,也是不完整的。他将家乡哈马丹的许多手工艺、艺术、诗歌带到克什米尔地区，极大地促进了当地文化与手工业的发展。在哈马多尼到来之前，克什米尔地区几乎没有人从事纺织业；哈马多尼来到这里之后，将波斯地区独特的地毯与披肩制作工艺带到这里，并进行推广，使纺织业成为克什米尔地区的重要产业。

哈马多尼还对商业、贸易等十分熟悉，他鼓励克什米尔人前往中亚、伊朗等地进行货物贸易，促进了当地的物质繁荣与对外交往，也为当地人民带来了财富。在他的倡导下，工匠、商人的地位有所提升，社会上逐渐养成了"勤劳者高尚，不劳而获者可耻"的风气，这与此前统治阶层重农抑商、不重视民众劳动的情形形成鲜明对比。

04
哈马多尼在当代

在苏联时期，塔吉克斯坦科学院就下设了专门研究古代塔吉克先贤思想的研究中心。塔吉克斯坦独立后，仍有大批学者继续这方面的研究，并将其成果出版。

1994年，塔吉克斯坦政府为纪念哈马多尼诞辰680周年，组织了一批专家学者在塔吉克斯坦科学院召开学术研讨会，并将此次研讨会上专家的论文编辑成册。

与会者认为，哈马多尼的许多思想不仅影响了塔吉克民族看待世界的方法与角度，同时也对中东和近东的许多文化产生了影响。哈马多尼的思想即便是放到现在来看，仍有许多先进之处，应当继续发扬，将其应用到现代宗教教育，甚至是世俗教育中。

此外，塔吉克斯坦还发行过哈马多尼的纪念币，并在新版的10索莫尼的纸币上印有哈马多尼的头像。

不仅在塔吉克斯坦，在巴基斯坦、印度等国家也有使用乌尔都语的学者在研究哈马多尼的生平与思想，并发表了许多著作。其中最为著名的是1999年沙姆西津·艾哈迈德所著的《沙赫·哈马多尼》，这本书对哈马多尼的生平与作品进行了全面且深入地研究，为传播其思想做出了杰出贡献。

此外，在英国、瑞典、荷兰、土耳其等国，也有文化、哲学、教育学、心理学等领域的专家学者在研究哈马多尼。

（作者叶天乐）

塔吉克现代文学的奠基人

——艾尼

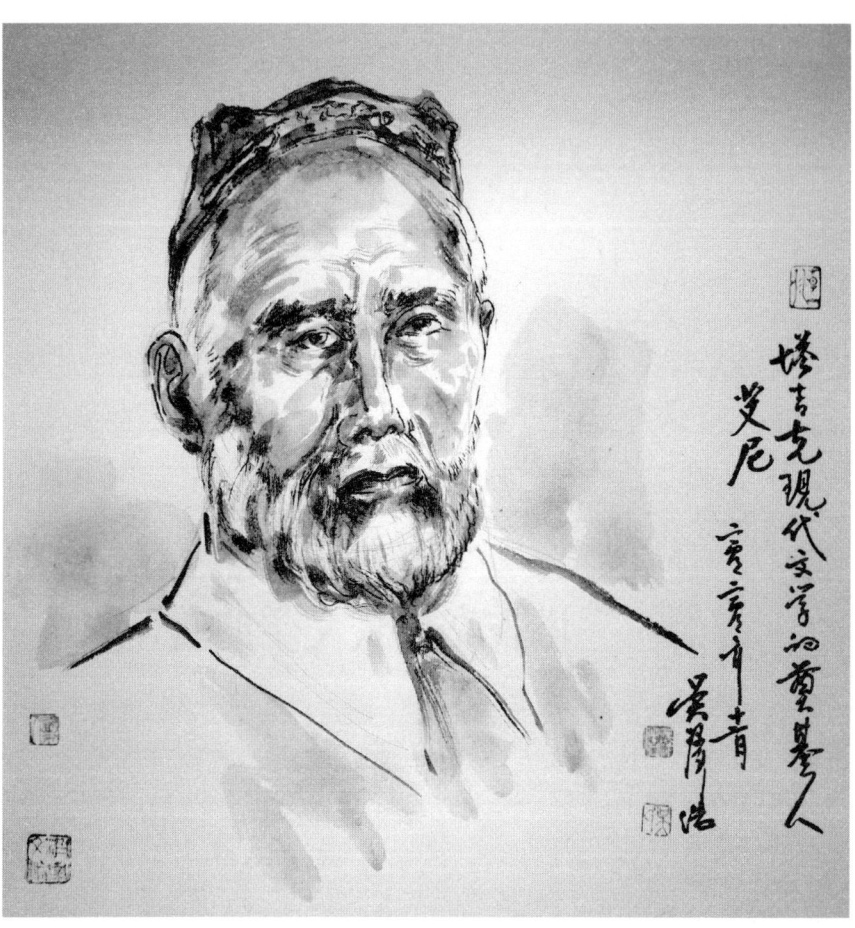

1890年,在布哈拉的一个小村庄里,一个懵懂少年跪在病床前,他的面前是奄奄一息的父亲。他的父亲得了天花,已经病入膏肓。少年聆听着父亲的临终遗言:"学习,尽一切可能学习。不要成为宗教法官,不要成为毛拉,要成为一个智者。"

几个月后,少年的母亲也被天花夺去了生命。失去双亲的少年迷茫了,他不知道未来的路在哪儿,但是父亲的临终教诲他不敢遗忘,他需要坚强地走下去。这位少年名叫萨迪利丁·赛伊迪·穆罗德佐达,对这个名字大家都比较陌生,但是1896年之后,少年给自己起了一个享誉世界的笔名——艾尼。

艾尼(1878—1954),出生在布哈拉埃米尔汗国(今乌兹别克斯坦布哈拉州)的萨克塔尔村,少时在村里的清真寺读书。1890年,因父母感染天花去世,12岁的艾尼到布哈拉汗国的都城布哈拉的库克尔达什清真寺半工半读,之后开始尝试写作。

20世纪20年代,布哈拉埃米尔汗国被推翻后,艾尼离开布哈拉,去了撒马尔罕这个中亚最有灵气的古都,在此开始了他的创作生涯。

1923年,艾尼发表了研究中亚各民族的历史专著《布哈拉埃米尔汗国列王传》,此书成为后代史学家研究布哈拉埃米尔汗国的经典之作。1926年,艾尼出版了精编文选《塔吉克文学精华》,这是塔吉克文学史上的集大成之作。

艾尼的文学代表作有1936年出版的中篇小说《一》《奴隶们》《乞丐》,被后人誉为"艾尼史诗三部曲"。1949年到1954年,他写下《回忆录》四卷,被认为是他的巅峰之作。

艾尼被誉为塔吉克斯坦现代文学和现代教育的奠基人。

1962年,在开罗第二届亚非作家会议上,艾尼与鲁迅、罗宾德拉纳特·泰戈尔等一起被誉为"东方现代文学巨匠"。

01

农民的儿子

美国《中东学刊》(The Middle East Journal)在介绍艾尼时写道:"艾尼——农民的儿子,20世纪苏联伟大的作家之一。"

艾尼在自己的回忆录里也写道,"我来自布哈拉的一个小村庄,家里有几亩地"。19世纪末,中亚处于几大汗国统治晚期,高等教育被贵族垄断,农民的儿子想成为文坛巨匠几乎不可能,但这就发生在艾尼身上。

艾尼原名萨迪利丁·赛伊迪·穆罗德佐达,1878年4月出生于布哈拉汗国的萨克塔尔村,其家族祖祖辈辈都生活在这里。

和其他村民不同的是，艾尼的祖父和父亲都是当地小有名气的"文化人"，这对于艾尼影响很大。艾尼的祖父名叫赛伊迪·乌玛尔，在萨克塔尔村极有威望。乌玛尔懂得纺织和木工手艺。有一次，村里的清真寺塌了，乌玛尔自己修好了它，这让村民们备感惊讶，于是在清真寺宣礼塔的柱子上刻下"来自萨克塔尔的赛伊迪·乌玛尔修缮"一行字。

艾尼的父亲名叫赛伊迪·姆拉德，也是当地的"文化人"。姆拉德少年时曾在布哈拉市的清真寺学习文学和几何，这使他成为少数几个能和村里毛拉辩经论道的"聪明人"之一。不过，艾尼的爷爷很早就给姆拉德安排了婚事，使姆拉德中断了学业。

艾尼小时候，家里只有几亩地，一家人靠种地糊口几乎不可能。父亲姆拉德虽然识点字，但在那时的中亚农村，这点文化并不能给家庭带来收入。因此，父亲靠着从爷爷那里学来的手艺，将家里的麦子磨成面粉卖给村里的面粉厂；母亲则纺布织衣，以便让艾尼三兄弟都能有衣服穿。

当艾尼到上学年龄时，父亲便将他送到村里的清真寺去读书。那时清真寺所谓的教育就是先生在上面读，学生在下面"鹦鹉学舌"般跟着读。艾尼学了一段时间，觉得什么也没有学到，于是父亲便把他带回家自己教。

虽然姆拉德很忙，但是他对于艾尼的教育十分上心。经过一段时间的学习，小艾尼掌握了基本的识读等技能。

父亲是最好的启蒙老师

在艾尼心中，父亲是伟大的，有两件事情让他印象深刻。

第一件事是父亲帮助他战胜对黑暗的恐惧。艾尼很喜欢听故事，有一次他听了七头怪在夜间吃人的故事，被吓坏了，从此便害怕夜晚，晚上自己都不敢去院子里。

父亲知道后，决定帮助艾尼克服心里的恐惧。有一天夜里，父亲拉着艾尼来到村里的墓地边。父亲撒开手，让艾尼去坟头找恶魔。艾尼吓坏了，但是在父亲的注视下，他壮着胆子绕着墓地走了几圈。

父亲问他："看到恶魔了吗？"艾尼摇了摇头。父亲说："不要害怕恶魔，恶魔是碰不到人的，真正可怕的是带着恶魔心灵的人。"

第二件事是父亲带着他去布哈拉游学。为了让儿子增长见识，姆拉德在艾尼小时候便带着他去了布哈拉。当时的布哈拉是布哈拉埃米尔汗国的首府，是经济和文化中心。在布哈拉，艾尼见到数倍于家乡的清真寺、穿梭的人群、熙攘的商贸……

这两件事情对艾尼影响巨大。第一件事让他学会了坚强，为他日后与腐朽的封建汗国做斗争奠定了基础;第二件事让他开阔了眼界,也为他日后背井离乡提供了去处。

在生活的磨难中成长

托尔斯泰说:"幸福的家庭都是相似的,不幸的家庭各有各的不幸。"1890 年以前,艾尼一家虽然生活艰苦,但是没有生计上的苦恼。然而,一场天灾夺走了这一切。

1889 年 7 月,布哈拉地区出现了天花。先是艾尼的叔叔被感染,紧接着是艾尼的父母。在那个年代,感染天花几乎就是"宣告死亡",艾尼的父母也没能幸免于难。

处理完父母的后事,年仅 12 岁的艾尼遇到了人生第一个难题:去哪里谋生?家乡是待不下去了,如果留在村里不是饿死就是被传染。小艾尼想到了布哈拉,这个父亲口中的"大城市"。

带着对生存的渴望,他来到了布哈拉。这一次,命运之神眷顾了他,机敏且有点儿文化的艾尼被允许在库克尔达什清真寺半工半读。平时他去巴依老爷们家里做短工——磨面粉、纺布等,其余时间就在库克尔达什清真寺跟伊玛目们学知识。

库克尔达什清真寺是当时中亚最大的清真寺，长86米，宽69米，有160个修道小屋。它修建于16世纪的昔班尼汗国时期，是布哈拉埃米尔汗国的重要宗教场所之一。

当时的布哈拉埃米尔汗国还没有学校，都是以清真寺为基础的经学院，因此库克尔达什清真寺也可以说是布哈拉埃米尔汗国的文化中心之一。就这样，艾尼在布哈拉的文化圣地开始了他的新人生。

由"斯夫利"变成艾尼

在库克尔达什清真寺期间，艾尼开始尝试写作。当然，有作品自然就要有笔名，他先后取了四个笔名，前三个笔名都过于消极，分别是"斯夫利""姆赫托迪""朱奴利"，意思分别是"受屈辱者""赤贫"和"愚者"。从这些笔名也能看出艾尼当时的无助和愤疾。

1896年，他将自己的笔名更换为"艾尼"，意为"目光锐利"。至此，他不再是一个卑微的受屈辱者，不再是一个愚笨的穷人，他是"艾尼"，要用他锐利的目光来审视整个世界。那一年，艾尼刚满18岁。

艾尼生活的时代是布哈拉汗国的晚期。布哈拉汗国是位于中亚河中地区的一个封建王朝，统治时间为公元1500年至1920年，国名因16世纪中叶迁都布哈拉而得名。

布哈拉汗国分为三个王朝：昔班尼王朝（1500—1599）、阿斯特拉罕王朝（又称"札尼王朝"，1599—1785）和布哈拉埃米尔汗国（又称"海达尔王朝""曼吉特王朝"，1785—1920）。

布哈拉汗国曾是强盛的中亚军事封建王朝，但是到19世纪90年代阿布德·阿哈德汗统治时期，昔日的繁荣早已不复存在。汗国不仅沦为了沙俄的藩属国，其落后的政治体制也成为国家发展的掣肘。

年轻的艾尼在布哈拉结识了许多朋友，他们都对封建汗国的腐朽统治深恶痛绝，对生活在底层的百姓深感同情，但是对于压迫人民的"大山"却无能为力。就在这时，一场影响深远的社会运动即将拉开帷幕，这就是"扎吉德运动"。

"扎吉德运动"的积极参与者

现在的史学家将"扎吉德运动"定性为"泛突厥主义"，但是在沙俄帝国统治时期，情况远没有这么简单。从表象上来说，"扎吉德运动"属于沙俄领土上穆斯林版的"新文化运动"，但是从本质上来说，最初参加"扎吉德运动"的人考虑更多的还是民族复兴。

"扎吉德运动"最早出现在沙俄帝国的鞑靼地区。亚历山大一世于1802年建立帝国国民教育部，1804年出台《大学附属学校章程》，迈出了建立现代大学教育体制的第一步。但是那时，沙俄仅在俄族聚居区推行新式教育，对包括穆斯林在内的少数民族聚居区的教育不闻不问。据统计，1874年沙俄公民的识字率已达24%，而穆斯林的识字率却不到1%。巨大的差距让帝国的穆斯林倍感不公。

鞑靼人使用突厥语，很早就信仰伊斯兰教，他们是俄国各突厥语民族中最靠近俄国中心地区的。19世纪，新兴的鞑靼资产阶级出现，他们痛斥"旧学"，认为以清真寺为基础的讲经院教育远远落后于时代。鞑靼资产阶级效仿欧洲，创建了具有民族和宗教色彩的"欧式新学"，史称"扎吉德运动"或"扎吉德—鞑靼运动"。

19世纪末，"扎吉德运动"传入中亚。布哈拉埃米尔汗国的有志之士接受了这一新鲜事物，认为这是复兴民族的可行办法。他们在"扎吉德主义"的基础上发起了"青年布哈拉运动"。

"二月革命"后，"青年布哈拉运动"分裂成三部分：第一部分在塔什干建立"青年布哈拉革命者突厥斯坦中央局"；第二部分在布哈拉建立"青年布哈拉布尔什维克共产党"，后改为"布哈拉共产党"，进入了布哈拉人民苏维埃共和国；第三部分反对苏维埃革命，投靠了臭名昭著的"巴斯马奇运动"。

俄罗斯历史学博士哈布特迪诺夫说："不是沙俄改变了艾尼,而是'扎吉德—鞑靼运动'改变了他。那时,扎吉德社团出现在布哈拉,还是一个新鲜事物,就像布哈拉出现了火车站一样。"

艾尼是最早接受"扎吉德主义"的布哈拉学者之一,他和好友穆兹玛等人在布哈拉开办新学。艾尼具有较高的语言天赋,他负责将鞑靼语教材翻译成波斯语,在新式学校里使用。由于当时的布哈拉旧学受到封建汗国的支持,抵制旧学就是对抗汗国,因此艾尼成为布哈拉汗国严格监控的对象。

但艾尼似乎并没有想过要推翻布哈拉汗国,他想做的只是通过普及"新文化"来开启民智,实现民族复兴。1911年,布哈拉的阿布德·阿哈德汗驾崩,末代可汗穆罕默德·阿里木汗继任。

阿里木汗上任之初也颁布了一些改革的政令,但他很快就沉迷于专制的权力,对"扎吉德"这个新鲜事物的忍耐度不断降低。

1915年9月至1916年4月,为了躲避当局的追捕,艾尼被迫暂时离开布哈拉,在离布哈拉不远的一个轧棉厂谋生。1917年3月8日至12日(儒略历2月23日至27日),彼得格勒爆发了震惊世界的"二月革命",推翻了罗曼诺夫王朝,结束了沙皇封建专制的统治。

消息传到布哈拉后，阿里木汗极为震惊，他意识到人民力量的伟大，害怕自己的统治受到冲击。同年4月，阿里木汗举办了一次王室效忠宣教会，他将布哈拉地区的头面人物召集至王宫，要求他们效忠自己。

艾尼早就得知阿里木汗的企图，义正词严地拒绝参加这个活动。阿里木汗大怒，下令以"叛教者"的罪名处罚艾尼。他先是派人将艾尼从家里拖到大街上，当众施罚七十五大板，随后将艾尼投入了暗无天日的黑牢中。艾尼在监狱里沉思着、挣扎着，他锐利的目光看穿了汗国的虚伪和虚弱。他认为："当今布哈拉埃米尔政权没有教化于民，也没有任何发展，有的只有焚烧，将一切烧为灰烬。"[1] 他意识到，大变革的时代即将来临。

1917年11月7日，伟大的"十月革命"爆发，革命浪潮席卷整个欧亚地区，布哈拉埃米尔汗国也在其中。苏维埃士兵从监狱里救出遍体鳞伤的艾尼，给予其及时的医疗救治。这让艾尼心中充满了温暖，他信赖这个新政权，因为它是为人民谋福利的。

出狱后的艾尼一边继续普及"新文化"，一边积极投入"扎吉德运动"中。此时，布哈拉的"扎吉德运动"已经成为对

---

[1] 张来仪：《试论近代俄国穆斯林的扎吉德运动》，载《世界历史》，2012年第2期，第33-43页。

抗汗国封建统治的一把利器。1920年，布哈拉埃米尔汗国被推翻，在"扎吉德运动"积极分子的支持下，布哈拉人民苏维埃共和国成立。

在1925年的边界重划中，苏联重新划分行政区域，将布哈拉苏维埃共和国的大部分土地划入了乌兹别克苏维埃社会主义共和国，小部分划入了土库曼苏维埃社会主义共和国。当然这都是后话。事实上，艾尼在布哈拉人民苏维埃共和国成立之后便淡出了政坛。哈布特迪诺夫认为，"艾尼在此后不再参与政治斗争，而是专心写作，这让他少惹了许多不必要的麻烦"。

艾尼没有选择在塔什干或者布哈拉生活，因为这两个城市的政治氛围过于浓厚，他去了撒马尔罕——这个中亚最有灵气的古都——开始了他的创作生涯。

文学巨匠

艾尼为世人所熟知，是因为其极高的文学造诣。他的文学作品流传下来的主要是1920年以后创作的，此前的作品由于生活、环境等多方面因素的限制，流传下来的不多。

艾尼用笔讨伐黑暗势力

艾尼真正意义上的写作始于1896年,这一年他18岁,创作了短文《玫瑰》,并第一次使用了"艾尼"这个笔名。1917年,艾尼被阿里木汗抓进监狱,同期被抓的还有艾尼的亲兄弟。

"十月革命"后,艾尼被苏维埃士兵救出,但是他的亲兄弟却没能幸免于难。1918年,艾尼创作诗歌《兄弟罹难记》,以纪念亲人,他写道:"我的挚友,我的兄弟,我的生命之窗,你已远去。但是我说,黑夜终将离去,汗王和毛拉将被抛弃。我们将走出黑暗,让汗国崩塌在奴隶们的膝前。"

兄弟的死使艾尼对汗国彻底绝望,而这首《兄弟罹难记》可视为艾尼对封建王朝的讨伐檄文。同年,他发表的诗作《自由进行曲》和《为十月争光》,受到塔吉克进步青年的喜爱,这两首诗歌被史学家誉为"塔吉克苏维埃文学的诞生之作"。

艾尼完成史诗三部曲

1920年,布哈拉人民苏维埃共和国成立,艾尼迎来了他人生的创作高峰。同年,他创作了第一部中篇讽刺小说《布哈拉刽子手》,文中艾尼大胆地使用夸张的修辞手法,深刻揭露了布哈拉埃米尔汗国的丑陋嘴脸。

1924年至1936年,艾尼完成了他的史诗三部曲《一》《奴隶们》《乞丐》。1924年,他在《塔吉克之声》报纸上发表了中篇小说《一》,小说的副标题是"一个塔吉克赤贫者的故事"。

1935年,艾尼出版了长篇历史小说《奴隶们》。他自己对这部小说是这么评价的:"我写的这篇小说是关于很多人的命运,关于上一代人的生活,但是需要承认的是,我的眼光看待过去很少,我的思想主要是面向未来。这本书关于过往的部分都是为了照亮未来,所以历史意义在于,当它被人们知晓时,就给了人们为未来而斗争的勇气和信心。我写这本书是为了子孙后代,是为了让他们不忘历史,面向未来,勇敢地把命运掌握在自己手中。"

1936年,艾尼出版中篇小说《乞丐》。《一》《奴隶们》《乞丐》被后人誉为"艾尼史诗三部曲",这三部小说反映了近百年来塔吉克人民的生活和斗争,也奠定了艾尼在塔吉克和世界文坛的地位。

1939年,艾尼撰写了另一部有分量的中篇小说《高利贷者之死》。书中塑造了一些怪诞且最终不得志的角色,借此来暗指旧社会的灭亡。1941年至1945年卫国战争时期,艾尼创作了两部小说,在他的作品中希特勒被形容成了中世纪的恶魔。

成就非凡的《回忆录》

卫国战争胜利后，年近七旬的艾尼决定完成人生最后一部书，他选择写自传。他将自己的新作定名为《回忆录》，主人公就是他自己，许多角色都是他身边的亲人。

1949年，《回忆录》第一卷的俄文版正式问世，由于书中描述更多的是布哈拉埃米尔汗国的事情，所以俄文版的书名为《布哈拉》。值得一提的是，这也是第一部从塔吉克语翻译成俄文的著作，译者波罗金成为俄国历史上第一位塔俄文学翻译家。

到艾尼去世时，他一共撰写了四卷《回忆录》，一直写到"二月革命"时期。《回忆录》是艾尼的收官之作，也是其巅峰之作。它给艾尼带来了极高的声誉，艾尼也因此被授予苏联二级勋章和斯大林勋章等荣誉称号。

1954年，为了纪念塔吉克苏维埃共和国成立25周年，苏联政府印发了《回忆录》第四卷，也就是这部书的最后一卷。同年，艾尼在杜尚别的家中去世。

艾尼是民族启蒙与文学传承者

艾尼的伟大不仅在于他的文学作品，还在于他对民族的启蒙和对塔吉克民族文学的传承。"十月革命"前，艾尼积极投身"扎吉德运动",在布哈拉地区兴办"新学"。"十月革命"后,"扎吉德运动"的政治色彩过于浓厚,艾尼便主动退出,安心发展民族文学。

20世纪20年代初,艾尼在撒马尔罕创办了第一份塔吉克语和乌兹别克语的报纸,并用塔吉克语在塔吉克人聚居区开展扫盲工作,他说:"教育是一个民族最需要解决的问题。"

1926年,艾尼出版精编文选《塔吉克文学精华》,内容包括从鲁达基到20世纪初期以来,塔吉克民族的诗人和文学家的经典作品。这是塔吉克斯坦文学史上集大成之作。

鲁达基作为塔吉克文学的奠基人,其作品自然成为《塔吉克文学精华》的重中之重。值得一提的是,《塔吉克文学精华》上市后却因鲁达基的作品受到了抵制。

当时苏联处于苏维埃政权初创时期,意识形态领域的"破旧立新"也成为文坛主流,而鲁达基的作品中有一些对古代埃米尔政权的溢美之词。从历史唯物主义的角度评价,这完全是符合历史事实的,因为鲁达基生活在萨曼王朝中兴时代,而且他本人曾获得王室赐予的极高荣誉。

艾尼将鲁达基的作品收录进文选也完全是从文学的角度出发,并不带有任何政治色彩。然而,一些报纸、杂志及出版商却以鲁达基的诗词涉及称赞古代埃米尔的问题,要求把市场上流通的文集下架并销毁。

对此，艾尼据理力争，他的坚持得到了包括高尔基在内的苏联进步作家的理解和支持。最终，艾尼所代表的民族文化独立阵营获胜，大量优秀的塔吉克文学作品在苏联广泛流传开来。

艾尼享誉苏联和塔吉克斯坦

在苏联时期，艾尼是正统文学的大家，自然也得到了国家和人民的肯定。1929年，塔吉克苏维埃共和国成立，艾尼当选为中央选举委员会委员。1934年，艾尼成为苏联全国作协创始会员。在赴莫斯科开会期间，艾尼与高尔基等文学巨擘进行了友好会谈。

1950年至1954年，艾尼先后被选为苏联第三、第四届最高苏维埃成员。1951年，艾尼成为塔吉克科学院首任院长。

1954年，艾尼去世，苏联政府将塔吉克歌剧和芭蕾大剧院命名为"艾尼歌剧芭蕾大剧院"。1958年，苏联发行了纪念艾尼80周年诞辰的纪念邮票。1967年，苏联在撒马尔罕以艾尼故居（1923—1954）为基础修建了艾尼博物馆。塔吉克斯坦首都杜尚别建有艾尼纪念碑。

塔吉克斯坦独立后，艾尼成为新国家的骄傲和记忆。1999年，塔吉克斯坦央行发行面值5索莫尼的货币，正面就是艾尼的肖像。时至今日，在塔吉克斯坦，人们从不会直呼其名，而是称之为"艾尼导师"或"艾尼大师"，以此来表达对这位伟大作家、诗人的尊敬。

艾尼活了76岁，即使放到现在也算长寿，但他的人生却并不顺遂。他的上半生与黑暗作斗争，下半生则奉献给了民族文化的启蒙。

塔吉克文学巨匠米尔佐·图尔逊扎德这样评价他："在这个世间总是有这样一群人，他们的一生是一个民族发展史的掠影。萨迪利丁·艾尼就是他们中的一分子。从暗无天日的沙皇时期开始，艾尼的命运就和塔吉克人民紧紧地交织在了一起。"

04 现代文学的奠基人

坚持现实主义创作

艾尼是塔吉克斯坦现代文学的奠基人，更具体点儿说，他是塔吉克现实主义文学的奠基人。

现实主义和浪漫主义是文学创作的两大流派，但是浪漫主义比现实主义起步更早，是中世纪世界文学的主导。现实主义作为真正意义上比较自觉的文艺流派，起源于19世纪

30年代的欧洲文学。俄国现实主义文艺理论的奠基人别林斯基，在系统总结世界文学发展进程的基础上，进一步论证了现实主义与浪漫主义的区别，简而言之便是"现实的诗"与"理想的诗"。

现实主义是纯文学的一种写作手法，即细节真实、形象典型、方式客观。这在艾尼的作品中体现得淋漓尽致，他的作品对现实生活的素材进行选择、提炼、概括，深刻地揭示了生活的某些本质特征。

以亲身经历为创作素材

以艾尼的代表作《回忆录》为例，他在开篇就写道："我出生在1871年的农村，我的父亲有两'塔诺布'的地（塔诺布为面积计量单位），靠地糊口几乎是不可能的。所以，父亲将家里的麦子磨成面粉卖给面粉厂，自己还从事织布工作，以便让我们兄弟几个有衣服穿，母亲也会帮助父亲挣钱补贴家用。父亲识点儿字，他在少年时期曾在布哈拉的清真寺里学习。但是我的爷爷很早便给我父亲安排了婚事，于是父亲只好放弃学业，回到了农村。婚后第一年，母亲还没有生育，父母便搬到了波勒村，那里住着母亲的兄弟，在那里会磨面的工人很少，于是父亲便可以有个好营生。尽管父亲在清真寺的学习时间很短，但他还是尝试着自己写东西，他也懂点儿几何和数学知识。凭借这些知识，他在与村里的毛拉辩论时总是能占上风，惹得毛拉不喜欢他，处处排斥他。"

如果以浪漫主义文学的眼光去看待《回忆录》这部作品，会觉得该作品过于写实、辞藻不华丽，但这正是现实主义的写作特色，或者说是艾尼的写作风格。《回忆录》如实地反映现实生活，客观性较强，它按照生活的本来样子精确细腻地加以描写，力求真实地再现典型环境中的典型人物，使读者如入其境，如见其人。

此外，艾尼的作品总是有一种"去谎言"的特性，这也是现实主义最主要的表现手段。他的作品通过对现实生活客观具体的描写，从场面和情节中自然地体现出作者的思想倾向和爱憎情感，并且除去一切政治谎言、道德谎言、维护权贵阶级的谎言等。

时至今日，现实主义仍是文学的主流派别之一，其"去谎言"的"现实性"成为诸多文人毕生所求。但是真正做到"以人民的名义"去写的作者却少之又少，这也许就是巨匠艾尼被世人所敬仰的最主要原因吧！

（作者王郦久）

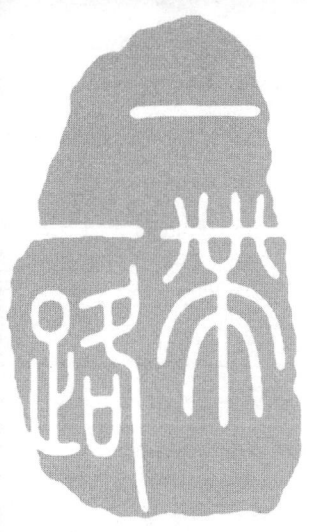

塔吉克文学巨匠

——米尔佐·图尔松扎德

1977年9月24日，杜尚别的一所独栋小宅中，一位老人躺在病床上，周围的医生正在忙碌着。因糖尿病并发症晚期，老人的肾脏功能几近衰竭。他原本可以再多活几年，但是他拒绝使用胰岛素，因为他认为对药物的依赖会遏制自己的创作灵感。虽然生命之火将熄，但是老人并没有感到一丝悲伤，他回顾自己的一生，波澜壮阔，十分充实。他就是塔吉克文学巨匠、伟大诗人米尔佐·图尔松扎德。

米尔佐·图尔松扎德（1911—1977），出生于塔吉克斯坦吉萨尔山谷（今塔吉克斯坦图尔松扎德区）的卡拉达格村，少时在吉萨尔上学。俄国十月革命后，苏维埃政府在中亚各地创办教授新学的寄宿学校，卡拉达格村也开办了一所，图尔松扎德有幸成为第一批学员。

1930年，图尔松扎德回到塔吉克斯坦，进入塔吉克共青团报社工作。几年后，他被调到列宁纳巴德市（今苦盏市）普希金音乐剧院，担任编剧，并开始大量发表诗歌作品。

哈萨克斯坦著名作家苏雷门诺夫这样评价图尔松扎德："他就像一位导师，一位娴熟的大使，教会后生如何用达利语来创作诗歌。"苏联著名塔吉克历史学家加富罗夫这样称赞图尔松扎德："他是塔吉克文化的骄傲和自豪，是塔吉克民族数千年历史宝藏最佳的继承人。"

他出身贫寒，双亲目不识丁，靠着自己的努力，开创了塔吉克斯坦苏维埃文学。他胸怀大爱，云游四海，为亚洲民族解放事业呕心沥血，被后世所敬仰。他出生在布哈拉埃米尔汗国落幕前的黑暗里，成长在苏维埃政权最初的光辉中，他勤勤恳恳、孜孜不倦、为民写诗、为民发声。他是塔吉克多产的知名作家之一，其作品绝大部分被翻译成了俄语。

2011年，联合国教科文组织在其百年诞辰时，举办了大型纪念活动，纪念这位把自己的一生与塔吉克民族史融为一体的伟大诗人——米尔佐·图尔松扎德。

01

来自吉萨尔的诗人

米尔佐·图尔松扎德1911年4月19日出生于塔吉克斯坦吉萨尔山谷的卡拉达格村。吉萨尔位于杜尚别以西约30公里，是塔吉克斯坦著名的历史古迹。

早在公元前3世纪至4世纪，这里就有人类居住。在希腊—巴克特里亚王国（中国史称"大夏国"）时，吉萨尔是中亚著名的贸易中转站。吉萨尔古城修建于公元8世纪，在86公顷的土地上坐落着吉萨尔要塞、砖砌驼队客栈、洗礼所、大广场、马赫杜米·阿扎姆的陵墓、石砌清真寺等古代遗迹。如今，这里已成为塔吉克斯坦的旅游胜地，杜尚别地区的新婚夫妇都会来这里祈福。

吉萨尔的辉煌并没有给图尔松扎德带来过什么福祉，他和其他贫困家庭的孩子一样，童年时期对这片土地并没有多少热情。图尔松扎德的父亲图尔松是个普通工匠，经常在外地接各种手工艺活。

图尔松曾有过一段幸福的婚姻，他和第一任妻子一共生了5个孩子，这对于喜爱大家庭的东方民族来说无疑是美满的，但是一场天灾夺去了这一切。1907年，中亚发生大地震，震中就在吉萨尔谷底附近。这场强震将吉萨尔地区几乎夷为平地，图尔松一夜之间失去了挚爱的妻子和5个孩子。

当时的吉萨尔处于布哈拉埃米尔汗国统治晚期，腐朽的王室根本不管普通百姓的死活，家破人亡的图尔松只能自己承受这一切。好在天无绝人之路，勤劳又有手艺的图尔松之后又组建了新家庭。1911年，图尔松扎德出生，新生命给新家庭带来无尽的活力，图尔松立誓要将儿子培养成人，而摆在眼前的第一件事便是给儿子起个响当当的名字。

虽然图尔松没有读过多少书，但是也知晓些历史，思前想后，他决定给儿子起名为"米尔佐"。不得不说，这是在图尔松拥有的知识范围内最好的名字，因为"米尔佐"是一个常见且充满文化气息的符号。在中亚的历史上，有许多大人物叫米尔佐，其中包括中世纪著名的天文学家、数学家、帖木儿大帝之孙米尔佐·乌鲁伯格等。

父亲对儿子的疼爱不仅体现在名字上，还表现在生活中的方方面面。据记载，有一次，图尔松去撒马尔罕地区雕刻城门，一天晚上他做了一个噩梦，梦到妻子突然病死，儿子背井离乡，这让图尔松不禁惊出一身冷汗。当时的做工环境是不允许工人临时离岗的，但是图尔松顾不了那么多，急急忙忙赶回家中。当他看到儿子安好后，心中的大石头才算落了地。就这样，带着父亲的殷切期望，图尔松扎德快乐地成长着。

图尔松扎德到了学龄，图尔松便送儿子去读书。在吉萨尔上学时期，未来的小诗人表现出强烈的学习欲望。看到儿子如此好学，图尔松自然喜出望外，积极引导儿子养成良好的习惯，甚至对其交友进行严格管理，不让其和游手好闲的孩子厮混。但让图尔松失望的是，当时的乡学传授的多是形而上的宗教、哲学，并不教授经世治国的道理或一技之长，图尔松扎德在这里并没能学到什么。

父亲明白，图尔松扎德还需要更多的营养才能成长为参天大树。很快，机会来了，20世纪初，"十月革命"如暴风雨般席卷欧亚大陆，各级苏维埃政权如雨后春笋般在中亚出现，腐朽的布哈拉埃米尔汗国倒台了，为民谋利的革命政府成立了。为了普及基础教育，苏维埃政府在中亚各地创办教授新学的寄宿学校，卡拉达格村也开办了一所，图尔松扎德有幸成为第一批学员。

在寄宿学校的学习，为图尔松扎德的世界打开了一扇窗，使他看到了美好新生活的光明前景。他痴狂地吸收新知识，逐渐成长起来。从寄宿学校毕业后，图尔松扎德顺利考入塔吉克斯坦教育学院。作为学院的优秀学员，图尔松扎德被选派至塔什干的塔吉克斯坦师范学院进行深造。

为时代而歌的诗人

1930年，19岁的图尔松扎德学成毕业，进入塔吉克共青团报社工作。《塔吉克共青团报》是当时塔吉克苏维埃共和国进步媒体的主阵地之一。

在那里，年轻的图尔松扎德认识了许多杰出的同龄人，并与他们成为一生的挚友，如米尔沙克尔、乌鲁克扎德等。伴随着新生的苏维埃政权，这些年轻且富有朝气的小伙子们一边接受着革命的洗礼,一边发奋工作,最终都成长为各行各业的"四梁八柱"。

米尔沙克尔日后成为塔吉克儿童文学的奠基人,还担任过塔吉克斯坦最高苏维埃主席。而乌鲁克扎德与图尔松扎德的关系更具戏剧性,他俩同一年出生,同一年从塔吉克斯坦师范学院毕业,又是同一年进入报社。每当图尔松扎德回忆起在报社工作的日子,总是感慨地说:"那一年,我们也就19岁或20岁,我们不光是诗人、作家,还是斗士,为新生活而奋斗的勇士。"

如果说艾尼是塔吉克斯坦现代文学的奠基人,那么图尔松扎德就是塔吉克斯坦苏维埃文学的创始人。他的作品充满了革命者的激情和浪漫主义色彩。图尔松扎德的这种写作风格并不是一蹴而就的,而是在吸取前人和同行的经验中逐渐形成的,其中苏联诗人、作家马雅可夫斯基对他的影响最大。

马雅可夫斯基出生于1893年的格鲁吉亚,其早年作品带有较强的资产阶级无政府主义色彩。"十月革命"后,马雅可夫斯基受革命形势鼓舞,创作风格逐渐转向写实,更多地表达了无产阶级及普通百姓的心声。

1927年,为了纪念"十月革命"10周年,马雅可夫斯基创作了革命史诗《好》。该作品描述了苏联人民在布尔什维克党的领导下，与反动势力进行不懈斗争的光辉历程，展望了社会主义国家的美好前景。全诗气势磅礴，节奏明快，马雅可夫斯基在诗中呼吁大家"用电报式节奏写诗"，令人耳目一新。

所谓"用电报式节奏写诗"，主要有两个特点：一是诗歌节奏紧凑、内容不拖泥带水，在史诗《好》中，马雅可夫斯基将每一行的词语压缩至5个或5个以下，这种快节奏的转行可以让读者情绪饱满、倍感振奋；二是内容简练、趋于白话。此前，沙俄和苏联的诗歌很多都是"阳春白雪"之言，而马雅可夫斯基创造性地用普通阶层可以理解的语言去创作，得到了劳动人民的一致好评。

就这样，"用电报式节奏写诗"在苏联文学界广泛传播。图尔松扎德也开始尝试模仿。1932年，图尔松扎德创作了诗歌《胜利的旗帜》，这是他第一篇有影响力的诗作，诗中描绘了"十月革命"前的历次革命，展现了新的世界、新的人物、新的面貌，讴歌了辛勤的共青团员和伟大的妇女解放运动。《胜利的旗帜》一改塔吉克古典诗歌的冗长反复，确立了图尔松扎德诗歌的基本风格。

1936年至1937年，图尔松扎德先后创作了《祖国的太阳》《秋与春》，用忆苦思甜的方式对旧社会进行了无情的抨击，讴歌了苏维埃革命的历史性功绩。这两首诗进一步巩固了其创作风格。在卫国战争时期，图尔松扎德的诗歌增加了更多大无畏的精神，如 1941 年的《再见，亲爱的妈妈》《上尉的纪念碑》《姐妹》，1942 年的《祖国的儿子》，1944 年的《从来不》《为了战争》，1945 年的《来自莫斯科的未婚妻》，等等。

苏联卫国战争胜利后，图尔松扎德逐渐在苏联的政治和艺术舞台上绽放光芒。1946 年，苏联最高苏维埃换届选举，图尔松扎德顺利当选第二届最高苏维埃代表，此后又连任 7 届，这在塔吉克斯坦历史上极为少见。1946 年，他还被推举为塔吉克斯坦苏维埃共和国作协主席，并获长期连任。1959 年，图尔松扎德当选苏联作家协会书记处书记，这成为他人生和文学事业最辉煌的时期。

图尔松扎德对故乡和亲人有着深深的眷恋。特蕾莎修女曾说："我们都不是伟大的人，但我们可以用伟大的爱来做生活中的每一件最平凡的事。"对于图尔松扎德而言，他从来没有将自己当作一个伟人，但是他却在用伟大的爱感悟这个世界，感动这个世界。这份爱不仅仅是对亲人、对故土，也是对世界上每一个曾经被压迫和奴役的人。

图尔松扎德的家庭十分美满，他有一位美丽的妻子和 3 个可爱的孩子，他的婚姻也是一段传奇。据图尔松扎德的长子马苏德回忆："父母的感情史完全就是一个充满戏剧化的故事。20世纪30年代初,父亲在塔吉克共青团报社工作几年后,被调到列宁纳巴德市(今苦盏市)普希金音乐剧院。在那里,他认识了母亲纳日米季诺娃。"

"刚来剧院不久,才华横溢的父亲便创作了剧本《胡库姆》,剧院决定排演这部音乐剧,但是在挑选演员时却犯了难。母亲是列宁纳巴德小有名气的话剧演员,剧院决定请她出演女主角,没想到编剧和女主角就这样相识相恋了。但是外公极力反对这门婚事,他在革命前是当地的毛拉,家境颇丰,因此看不起当时还是穷小子的父亲,更不想让母亲嫁到远离家乡的吉萨尔。"

"父亲和母亲彼此相爱,他们不顾外公的阻挠,始终保持联系。最终有一天,外婆悄悄地告诉父亲:'带她走吧,让她幸福!'就这样,父亲和母亲走到了一起。"婚后,图尔松扎德的事业有了起色,但是他始终保持着对妻子的"初心"。

1968年,图尔松扎德获得苏联"锤子与镰刀"金奖,获奖后他第一时间跑回家将妻子紧紧搂在怀里,并将勋章别在妻子胸前。图尔松扎德夫妇育有3个孩子,长女费卢扎、长子马苏德和次子帕尔维兹。在图尔松扎德眼中,3个孩子就是他生活的全部和精神支柱。

他的家里总是充满了欢声笑语,而他从小就培养孩子们自立，让孩子们自己去选择人生之路。马苏德在回忆录里写道："我上中学时也试着用俄语写了一些作品，但是都不尽如人意。我很懊丧地向父亲坦承自己没有文学天赋。父亲并没有责备我，而是和蔼地问我想做什么。我说想当工程师，父亲便半开玩笑地说，当工程师比当诗人好，工程师可以为国家发展做更多的贡献。"

图尔松扎德并没有因为自己的爱好而扼杀孩子的梦想。最终，马苏德没有成为诗人，而是成为一名科技工作者。同样，费卢扎和帕尔维兹也都没有在诗歌领域取得成就，前者成为一名哲学研究者，后者则成为塔吉克著名的东方历史学家。图尔松扎德认为，只要孩子开心，在各行各业都能成为人才。

对待亲人是这样，对待朋友更是如此。作为一名诗人，图尔松扎德的身上少了许多忧郁的气质，多了许多阳光的品格。在图尔松扎德看来，朋友是生命中不可或缺的一部分，也因此，他的周围总是聚着许多人，这些人发自内心地崇拜他、尊敬他。20世纪五六十年代，图尔松扎德的家是塔吉克斯坦众多有志之士举办沙龙的场所，诗人、作家、医生、工程师等各行各业的精英汇聚于此。

朋友们总是说，在图尔松扎德的家里，时间总是过得很快，这里的每次聚会都像是正式的晚宴。他和朋友们听着音乐吟诗唱歌。朋友对于图尔松扎德来说，不光是玩伴，更是创作的同路人。图尔松扎德很勤奋，据统计，如果将他所有的作品都出版，可能有数十卷之多。但是他只将其中最好的部分公之于世，而他选择的第一标准就是朋友们是否喜欢。每当他完成一篇作品，总是第一时间念给朋友听，而且很尊重朋友的修改意见。

图尔松扎德对故土有着炽热的爱。他从人民中来，又回到人民中去，他的一生都与伟大的故土联系在一起。说到自己的信仰，图尔松扎德总会提到自己的故乡。从下面这件事可见他对故乡的感情有多深。

1960年，苏联最高领导人赫鲁晓夫下令成立人民友谊大学，以便给亚洲、非洲及拉丁美洲的各个国家培养高水平的专家，苏共中央政治局委员、长期负责苏联意识形态工作的苏斯洛夫为直接负责人。苏斯洛夫找到了图尔松扎德，希望他出任这所大学的校长或者进入管理层。按照常理来说，这样的邀请是很难拒绝的，因为在当时的苏联，高层的意志是不能违背的，但是图尔松扎德却做出令人震惊的举动，他果断拒绝了这个邀请。

他对此解释道："我很难同意这个邀请，因为我无法想象离开塔吉克的土地我将如何生活。"即使在生命的最后时刻，他也没有离开自己的家乡。20世纪70年代，由于过度操劳，图尔松扎德患上了糖尿病，医生劝他去莫斯科疗养，他没有接受，而是在杜尚别的小宅中养病。1977年，图尔松扎德突发糖尿病并发症，抢救无效后离世，魂归故里。

03
歌颂东方的诗人外交家

"上善若水，大爱无疆。"如果我们认为这位杰出的诗人只对家人、故乡有爱，那显然是有失偏颇的。他的爱超越了国界，是对整个人类的博爱。

20世纪40年代，图尔松扎德第一次出国是去访问印度。当时的印度正处于建国运动的高潮期。看到印度人民为争取自由和独立的不懈斗争，图尔松扎德倍感震惊。

1947年9月，在印度独立一个月后，图尔松扎德开始创作《印度歌谣》，这是他"东方纪事三部曲"的第一部，描述了首次访印的所见所感。《印度歌谣》是苏联文坛最早反映"第三世界"国家的作品之一，在亚非拉国家产生了轰动效应。1950年，图尔松扎德"东方纪事三部曲"的第二部《我来自自由的东方》问世，他将访问巴基斯坦的见闻用生动形象的语言表达出来，再次引起广泛关注。

1957年，图尔松扎德创作《亚洲的声音》，这是他"东方纪事三部曲"的收官之作，也是集大成之作。在诗中，诗人对比了印度、埃及、中国等亚非文明古国的过去与现在，揭示了反殖民主义民族解放运动必将胜利的历史规律。诗人用充满希望的笔，描绘了亚非国家阳光的明天，歌颂了贫穷、落后的土地上所焕发的生机。[1]图尔松扎德凭借《亚洲的声音》获得了1960年的列宁奖金。

也正是由于图尔松扎德在反殖民地斗争中所作的杰出贡献，他被推举为第一届"亚非人民团结大会"苏方代表团团长。1955年4月，29个亚非国家和地区在印尼万隆召开著名的"万隆会议"。在万隆会议精神的鼓舞下，1957年，第一届亚非人民团结大会在埃及召开。苏联认为这是拉拢亚非国家的机会，因此决定派出227人的高规格代表团出席大会，其中33人是苏联最高苏维埃主席团成员。但是在决定团长人选时，苏联当局犯了难，如果选政界高层，那么苏方代表团的政治属性会显得过强，可能会引起其他参会国家的警惕和不满。但如果团长名不见经传，又不符合苏联这个社会主义阵营"老大哥"的国家形象。

---

[1] 杨传鑫：《当代苏联民族文学简述》，载《中南民族学院学报》，1988年第1期，第116页。

多方权衡后，苏联政府决定让图尔松扎德担任苏方代表团团长。一方面，图尔松扎德是民间人士，并未在苏联政府任职；另一方面，他是享誉世界的大文豪；更重要的是，他曾经出访过多个亚非国家，创作过许多脍炙人口的巨著，并受到亚非国家人民极大的尊敬。在图尔松扎德的带领下，苏方代表团圆满完成了任务，得到了与会国家的一致好评。

图尔松扎德在其 66 年的人生旅程中，获得过无数荣誉。1951 年，他当选塔吉克斯坦科学院院士。他被授予"社会主义劳动英雄"称号，获得十月革命勋章，获得 4 次列宁奖章、3 次劳动红旗勋章、1 次列宁奖金和 1 次斯大林奖金。1961 年，他荣获"塔吉克斯坦加盟共和国人民诗人"的称号。为了表彰他在亚非人民解放运动中的卓越贡献，1967 年，印度政府授予他尼赫鲁国际奖。2001 年，他被追认为"塔吉克斯坦英雄"。

图尔松扎德去世后，为了纪念他的伟大功绩，苏联政府和塔吉克斯坦政府先后举行了多次纪念活动。1978 年，苏联政府将图尔松扎德出生的地区命名为图尔松扎德区，这个名称一直延续至今。2000 年，塔吉克斯坦央行发行本国货币索莫尼，在面值 1 索莫尼的纸币正面印的是图尔松扎德的半身相。画面上，年轻的图尔松扎德用深邃而睿智的眼神望着前方,仿佛在向世人诉说塔吉克这一伟大民族的光辉历史和美好未来。

(作者王郦久)

政治界和学术界权威

——加富罗夫

政治界和学术界权威——加富罗夫

波波江·加富洛维奇·加富罗夫（1909—1977），塔吉克族，出生于沙俄时代的中亚附庸国布哈拉汗国的撒马尔罕州胡占德县（现在的塔吉克斯坦索格特州加富罗夫区）一个贫寒的农民家庭。他从8岁开始半工半读，一边在村里上学，一边外出干活养家。1926年中学毕业后，他到共青团区委做文化宣传工作，1930年任《红色塔吉克斯坦报》副主编，1936年升任主编，1941年任塔吉克斯坦苏维埃共和国共产党中央委员会文化宣传部门负责人，1946年任塔共中央第一书记。

在繁重的领导工作和社会活动之外，他热衷于对塔吉克民族历史问题的研究，撰写了大量文章，出版了多部专著。加富罗夫一生获得6次列宁勋章，2次劳动红旗勋章。他是苏联时期杰出的塔吉克加盟共和国领导人，也是塔吉克斯坦近代史的奠基人，还是苏联东方学研究的领军人物。他是苏联杰出的政治家、外交家、学者。塔吉克斯坦人民亲切地称他为"塔吉克人民伟大的儿子"，俄罗斯学者称他为"苏联伟大的儿子"。

01

勤奋好学的寒门学子

波波江·加富洛维奇·加富罗夫，1909年12月31日出生于沙俄的中亚附庸国布哈拉汗国的撒马尔罕州胡占德县伊斯匹萨尔村。

加富罗夫的家庭是典型的中亚农民家庭，他的爷爷和父亲都曾是为巴依老爷干活的普通农民。加富罗夫的父亲名为加富尔·萨恩基诺夫，最早在村庄务农，后来到胡占德火车站附近做铁路工人，并兼职做过花匠，出生年不详，1935年去世。

加富罗夫的母亲名为罗兹亚·波伊玛托娃，又名罗兹亚·奥佐特，1893年1月17日出生，是一名波斯古诗朗诵者，能背诵许多波斯古诗，曾在当地中学教书。加富罗夫童年时受母亲影响很大，接触了大量古波斯书籍和口头文学，为他后来的文学创作打下了基础。

加富罗夫关于童年的记忆都在胡占德火车站附近。他的父母育有6个子女，他是家中的长子。在他很小的时候，父亲在铁路工作时被铁轨砸伤致残，他的家庭失去了收入来源。

为了补贴家用，加富罗夫8岁就出去打工挣钱，早早地接受了社会的磨炼。

他在火车站附近贩卖过针线，当过雇工，也在餐馆打过工。加富罗夫在回忆录中描述："1917年以前，我和父母住在一起，后来因为家庭实在困难，从8岁起我就被迫半工半读，一边在村里的小学上学，一边外出干活养家。"当时正值十月革命和中亚地区"巴斯玛奇运动"[1]时期，加富罗夫一家的命运也随着时代洪流发生了巨大的改变。

革命浪潮改变了加富罗夫的命运

20世纪20年代初，中亚地区逐步建立了苏维埃政权。此后，苏联在中亚地区进行民族识别。1924年，苏联成立塔吉克苏维埃社会主义自治共和国，隶属于乌兹别克苏维埃社会主义共和国。1929年，塔吉克苏维埃社会主义自治共和国升格为塔吉克苏维埃社会主义共和国，脱离乌兹别克加盟共和国，成为苏联中央直辖的独立加盟共和国。这一阶段正是改变加富罗夫个人命运的重要时期。

苏维埃政权建立后，当地苏维埃政府建立了新中学，加富罗夫顺利进入中学接受正规教育。加富罗夫很早就认识到

---

[1] 20世纪初，中亚地区以突厥语民族为主的穆斯林发动的针对沙俄帝国在中亚统治的起义。

接受新式教育的重要性，他不但自己刻苦学习，还积极帮助其他同学尤其是女孩们接受教育。当时，许多家长和阿訇不愿意让女孩去学校接受教育，为此，加富罗夫主动到女同学家中做宣传，鼓励她们去学校上学，以冲破封建礼教的束缚。

1922 年，13 岁的加富罗夫加入共青团，因年龄不够，他虚报了 1 岁，这也导致其出生年月有不同的版本。加富罗夫学习刻苦，成绩一直十分优秀，他希望通过学习拯救塔吉克民族。他对俄语和俄罗斯文学充满热情，这为他之后的工作提供了很大帮助。1926 年中学毕业后，加富罗夫被推荐到共青团区委会工作，主管文化宣传和儿童工作。他从此爱上宣传工作，走上了记者之路。

02

新闻和宣传战线的行家里手

加富罗夫从事记者工作之初，主要以农民通讯员的身份报道农民、工人的新生活。他用不同的笔名热情洋溢地宣扬苏维埃制度的优越性，抨击封建残余势力。但早期的记者工作并不轻松，据加富罗夫的妹妹回忆，早期他的工作面临着很大风险，封建残余势力曾试图暗中攻击他。为此，共青团区委会决定给加富罗夫在火车站安排一个办公室，并安排警察站岗。

加富罗夫的聪明才智很快显露出来，他撰写的文章获得读者的广泛好评，同时，他也得到上级的赏识。1928年年底，加富罗夫被派往撒马尔罕市接受为期一年的法律知识培训。1930年4月，塔共中央政治局委员会任命他为《红色塔吉克斯坦报》副主编。1931年，加富罗夫被派往莫斯科全联盟共产主义记者学院学习，在此期间认识了比自己低三级的女同学卡里玛·阿德洛娃（1910—1991），不久两人结为伉俪。

1932年，加富罗夫在莫斯科上学期间加入苏联共产党。当时，很多早期革命者（包括列宁的战友）在全联盟共产主义记者学院教书，加富罗夫正是这时接触到了完整的马克思列宁主义和社会科学教育，为之后的记者和宣传工作打下了坚实的基础。

1935年，加富罗夫从全联盟共产主义记者学院毕业，返回塔吉克加盟共和国，继续从事记者和宣传工作。此后，加富罗夫撰写了大量抨击地方民族主义、大国沙文主义的文章，宣扬马克思列宁主义。到20世纪30年代后期，他的报道主要以宣扬教育、扫除文盲为主题。1936年，加富罗夫担任《红色塔吉克斯坦报》主编。

03

塔共中央第一书记

从主管文宣到担任第一书记

1936年10月,加富罗夫被任命为塔吉克斯坦共产党中央委员会宣传部报刊处主任,进入塔共中央工作。1937年11月,加富罗夫出任塔共中央委员会报刊和出版物部部长,与此同时,他还兼任《塔吉克斯坦无神论者报》的社长,以及《帮助党的工作者》《党的工作者》《塔吉克斯坦共产党》等多个杂志的主编。在此期间,加富罗夫特别关注妇女解放问题,撰写了一系列著名的文章。同时,加富罗夫十分重视教育工作,1936年至1940年,曾在多所学校兼职授课。

1941年至1944年,加富罗夫任塔吉克斯坦共产党中央委员会委员,主管文化和宣传工作,进入塔共中央高层;1944年至1946年,加富罗夫任中央委员会第二书记;1946年2月,加富罗夫升任中央委员会第一书记,成为塔吉克加盟共和国最高领导人,直到1956年5月。另外,1948年至1951年,加富罗夫还兼任塔吉克斯坦共产党斯大林纳巴德州委(现在的杜尚别市)第一书记。

在塔共第一书记任上，加富罗夫做了很多事情，他主持修建了多座水电站，建立了很多矿石、棉花等加工厂，为塔吉克共和国的工业发展奠定了基础。加富罗夫还组织开凿了吉萨尔运河，发展了当地的棉花种植业，并因此被授予列宁勋章。直到今天，棉花仍是塔吉克斯坦最主要的农作物。

加富罗夫很重视精神文化建设，组织建设了多个剧院和电影院，满足了民众的精神文化需求。同时，加富罗夫也十分重视教育和科学研究。1948年，在他的倡议下，斯大林纳巴德成立了塔吉克斯坦国立大学。1951年4月，在他的建议下，塔吉克共和国成立了塔吉克斯坦科学院，并邀请塔吉克著名作家和学者艾尼出任首任院长，极大地推动了塔吉克斯坦科研水平的发展。

1952年和1956年，加富罗夫两次当选苏联共产党中央委员会委员，而且是苏联第二届、第三届、第四届、第五届、第七届最高苏维埃代表。

04
实现由政治家向学者的成功转型

主持苏联科学院东方学所工作

1956年，加富罗夫卸任塔吉克共产党中央委员会第一书记,赴莫斯科担任苏联科学院东方学研究所所长。

20世纪50年代,苏联正在加强东方外交,但苏联的东方学研究根本无法满足国家的需求。在经历了斯大林时期的大清洗和卫国战争后,苏联东方学研究所的研究力量十分薄弱,且存在力量分配不平衡、内部争斗激烈等问题。

据苏联科学院东方学研究所的老学者们回忆,在加富罗夫到来之前,东方学研究所内部矛盾重重,各种纷争引发的内斗严重影响了正常学术活动的开展,并导致东方学研究所的领导经常更换。时任苏联部长会议第一副主席的阿纳斯塔斯·伊万诺维奇·米高扬在苏共二十大会议上公开讲:"东方已经苏醒了,可是苏联的东方学仍在沉睡。"因此,加富罗夫到来时,"大家并不抱多大期望,因为加富罗夫完全是个外人"。但此后形势的发展完全出乎人们的预料。

据当时在苏联东方学研究所工作的年轻学者回忆,加富罗夫出任东方学研究所所长时,那里绝大多数是中老年学者,年轻人比较少。加富罗夫到任后的首要任务是平息内部矛盾,使东方学研究所团结一致,满足国家对东方学研究的需求。为了打开研究新局面,加富罗夫进行了大规模的人事调整,主要是启用有能力的年轻人,赋予他们领导岗位和责任,同时不断减少高龄学者的人数。他大胆启用了一些被流放或此前遭受政治迫害的学术人才,并从苏联部队吸引了一些专业人才。年轻血液进入后,东方学研究所的内斗明显减少了。

据当时加富罗夫在东方学研究所的同事回忆,加富罗夫善于调解各种矛盾,为人亲和,团结同志,还主动帮助同志们解决生活困难,"加富罗夫是典型的东方智者,只有他当东方学研究所的所长才是正确的"。

内斗减少的同时,学者之间的学术讨论多了起来。据当时东方学研究所的学者回忆,加富罗夫接管后不久,"东方学研究所教条式的批判少了,学者们开始更多地从学术角度出发讨论问题"。苏共二十大后,苏联的政治氛围发生了较大转变,"加富罗夫本人十分英明,很多之前不敢讨论的问题可以讨论了,同时,当本所的人遭受强力部门或机构无端的意识形态指责时,他也会竭力保护"。

1958年,在加富罗夫的建议下,苏联东方学研究所成立了独立的语言学室,将之前分散在各中心的语言专家集中到了一起。在他的倡议下,20世纪60年代初,苏联东方学研究所成立了东方文学出版社,并出版了《今日亚非》等杂志。在此背景下,苏联东方学研究取得了一系列研究成果,在国际社会的影响力也日渐提升。加富罗夫本人也在国际东方学研究上取得重要成果,尤其是对中亚文明和历史的研究。鉴于加富罗夫在东方学研究方面的声誉,他兼任了一系列国际组织和学术机构的职务。1957年至1966年,加富罗夫担任联合国教科文组织东西方委员会主席，帮助开展促进东西方文化交流活动。加富罗夫还担任了联合国教科文组织中亚研究项目的负责人，并被伊朗、印度等国聘为教授和荣誉院士。1968年，加富罗夫当选为苏联科学院院士。

加富罗夫在苏联东方学研究所工作了二十多年，直至1977年病逝，后人将加富罗夫任职的时期称为苏联东方学研究所的"黄金时期"。

塔吉克民族历史研究的奠基人

虽然加富罗夫在担任塔共第一书记后，承担了繁重的政治工作和社会活动，但这并未影响他对塔吉克民族历史问题的研究，他撰写了大量文章，出版了多部专著，并最终成为塔吉克民族历史问题研究的奠基人。

20世纪30年代，是亚非国家民族意识觉醒的时期，作为苏联的加盟共和国，塔吉克人民的民族意识也在觉醒。加富罗夫最早有单独撰写塔吉克民族历史的想法是在塔吉克加盟共和国成立后不久，他与俄罗斯一些著名学者密切沟通，并搜集了大量历史资料，准备撰写塔吉克史。但之后苏联卫国战争爆发，加富罗夫不得不推迟计划。20世纪40年代初，在庆祝布哈拉革命20周年时，加富罗夫和普洛霍洛夫共同出版了《布哈拉汗国的陨落》，这成为加富罗夫的第一本著作。

1940年9月至1941年4月，已担任塔共中央委员会领导干部的加富罗夫在苏联科学院历史学院就读硕士，这为他此后研究中亚民族历史打下了基础。卫国战争时期，加富罗夫一边完成苏共中央下派的生产任务，一边撰写了很多关于塔吉克民族英雄抵御外敌入侵的历史故事，为此后《中亚塔吉克史》的出版积累了素材。

卫国战争结束后不久，加富罗夫出任塔共第一书记，但他并未因此放弃著书立说的想法。1947年，他编著的塔吉克语版《塔吉克民族简史（从远古到十月革命）》在杜尚别出版，引起国内外的广泛关注。1949年，俄文版《塔吉克民族简史（从远古到十月革命）》在莫斯科出版。1952年2月，加富罗夫因《塔吉克民族简史（从远古到十月革命）》一书，被授予历史学博士学位。

20世纪50年代末，加富罗夫萌生了出版多卷本《塔吉克民族史》的想法。1963年至1965年，三卷本的《塔吉克民族史》（共计5本书）先后出版，塔吉克科学院、莫斯科和圣彼得堡的专家们参与了写作，加富罗夫担任主编。该书不但详细记述了塔吉克族的历史，还介绍了整个中亚地区各民族的历史。

1966年至1967年，随着最新的考古大发现，加富罗夫产生了出版简明塔吉克民族史的想法。经过多年的准备，该书于 1972 年出版，俄文版书名为《塔吉克人：远古、中古和现代历史》。1983 年，该书的塔吉克语版出版。书中不但使用了大量当时最新的考古成果，还引用了许多国外学者和机构的研究成果，出版后立刻在国际学术界引起强烈反响。1985 年，由中国社会科学院翻译的中文版《塔吉克人：远古、中古和现代历史》出版，中文名为《中亚塔吉克史》。

加富罗夫的《塔吉克人：远古、中古和现代历史》对塔吉克民族意识的觉醒意义重大，为塔吉克民族精神的独立奠定了基础。加富罗夫在书中强调，"塔吉克民族有自己本身的文化，独立的文化，有自己的文化传统，有自己的历史"，[1] "东伊朗的居民不是从其他什么地方迁到中亚来的，而是吸收各种从原始时代起就在这里居住的种族成分，在当地形成的"。虽然对此观点有一些质疑的声音，但加富罗夫对塔吉克民族和整个中亚历史研究的贡献是不可否认的，他著作中的许多观点和论据直到今天仍被人津津乐道。

---

[1] 波波江·加富洛维奇·加富罗夫著，肖之兴译：《中亚塔吉克史》，北京：中国社会科学出版社，1985 年版。

探求灵魂归宿的精神贵族

晚年去麦加朝觐

晚年，随着身体的衰弱，加富罗夫开始寻求新的精神慰藉。他对伊斯兰教产生了明显的兴趣，并于1974年作为苏共高级党员到麦加朝觐，此事在苏联引起强烈反响。

苏联实行的是无神论教育，伊斯兰等宗教被视为封建残余。苏联当局严格限制中亚等地区的穆斯林与境外宗教国家接触。这一事件既可以被认为是加富罗夫信仰伊斯兰教的个人事件，也可以被认为是苏联改善与沙特关系的新举动。

据苏联著名东方学家、历史学家奇亚科诺夫回忆："到了晚年，加富罗夫感到时日不多，他找到苏联共产党中央委员会说，现在沙特的国际影响越来越大，但我们对当地一无所知。加富罗夫建议由他以穆斯林的身份去朝觐麦加和麦地那，可能时与沙特官方进行试探性接触。上级批准了加富罗夫的请求，并为其安排了翻译。在麦加朝觐时，加富罗夫已经十分虚弱，不得不让人用担架抬着沿着天房绕行。"

1977 年 7 月 12 日，加富罗夫在塔吉克加盟共和国首都杜尚别市去世，享年 68 岁，他的坟墓建在杜尚别市的艾尼公园。

塔吉克人民的伟大儿子

加富罗夫的去世，令塔吉克人民无限感伤。1978 年，加富罗夫的故乡伊斯匹萨尔村被命名为加富罗夫村，其所在的区被命名为加富罗夫区。1997 年，塔吉克斯坦独立后，加富罗夫被评选为塔吉克斯坦的六大英雄之一，同时，拉赫蒙总统下令将索格特州的胡占德国立大学以加富罗夫的名字命名。

1998 年，在纪念加富罗夫 90 周年诞辰时，塔吉克斯坦在加富罗夫区成立了加富罗夫国家博物馆，这是塔吉克斯坦独立后成立的首个博物馆。加富罗夫博物馆分为 3 个厅，第一个厅介绍加富罗夫的主要著作《中亚塔吉克史》；第二个厅介绍加富罗夫的生平事迹；第三个厅介绍加富罗夫作为院士对历史学和东方学的贡献。该博物馆还下设加富罗夫学研究中心，由加富罗夫的学生担任负责人，定期举行学术研讨活动，发表学术著作。

2000 年，塔吉克斯坦首次发行自己的货币索莫尼，加富罗夫的肖像被印刷在币值为 50 索莫尼的纸币上。2009 年，在加富罗夫 100 周年诞辰时，塔吉克斯坦举行了大规模的纪念活动。加富罗夫的同事和亲朋合著了《院士波波江·加富罗夫100周年诞辰》一书，纪念他光辉的一生。塔吉克斯坦现任总统拉赫蒙在收入书中的文章《人民伟大的儿子》中称："加富罗夫是塔吉克人民伟大的儿子，塔吉克斯坦的英雄，他既有学者的智慧又具备领导人的组织才能。《中亚塔吉克史》一书是他诸多贡献中的一个重要体现，这本书对于每个塔吉克人来说都像空气和水一样重要，是塔吉克人民未来前行的必需品。"

（作者王明昌）

塔吉克斯坦国歌之父

——凯尔地与尤达科夫

"一带一路"列国人物传系·塔吉克斯坦名人传

国歌作为国家主权象征的组成部分，受到各国的重视和尊重，而每一个国家国歌的诞生都有其特殊的故事，塔吉克斯坦的国歌也不例外。

古尔纳扎·凯尔地（Гулназара Келди）（1945— ），塔吉克斯坦国歌词作者，塔吉克斯坦著名诗人。凯尔地原姓米尔佐夫，中年时改姓"凯尔地耶夫"，后又去掉俄语化的姓氏"耶夫"改为"凯尔地"。

凯尔地出生于列宁纳巴特州法尔噶尔区达尔达尔村。1961年，年仅16岁的凯尔地考入塔吉克国立列宁大学，1966年大学毕业后被分配到塔吉克共青团报社，1991年任文学与艺术杂志社主编。1995年获得"塔吉克诗人"的荣誉称号。

1994年9月，塔吉克最高苏维埃通过《国歌法》，确定凯尔地所作的《民族之歌》为新国歌的歌词，音乐家尤达科夫所作的苏联时期塔吉克国歌曲谱为新国歌曲谱。

苏莱曼亚·历山大罗维奇·尤达科夫（Сулаймон Александрович Юдаков）（1916—1990），塔吉克斯坦国歌的曲作者，苏联作曲家。他是苏联国家奖金获得者，曾被乌兹别克斯坦和塔吉克斯坦授予"功勋艺术家""人民艺术家"的称号。

尤达科夫出生于乌兹别克斯坦浩罕市一个犹太家庭，12岁时父母双亡，被送进浩罕市一家孤儿院生活。1932年，尤达科夫被送往莫斯科接受系统的音乐教育，1938年考入莫斯科柴可夫斯基音乐学院格立耳音乐班，1943年至1946年任塔吉克斯坦国立音乐剧院艺术指导。

1944年，尤达科夫为塔吉克斯坦苏维埃社会主义共和国的国歌谱曲。1994年，经塔吉克斯坦最高苏维埃会议讨论，决定继续沿用尤达科夫1944年作的国歌曲谱。

01
歌词作者凯尔地

"我亲爱的祖国，我们幸福地看着您的荣耀，愿您的幸福繁荣直到永远。穿过历史长河，终于来到今天，我们站在您的旗帜下。我的祖国万岁，自由的塔吉克斯坦万岁！您是祖辈们希望的象征，承载着荣耀和尊严；您是子孙们永恒的家园，那里的春天没有终点；我们永远忠于您，我的祖国万岁，自由的塔吉克斯坦万岁！您是我们共同的母亲，您的未来就是我们民族的明天，您的意旨深入到我们的灵魂和肉体，您永远赐予我们幸福和安康。因为有您，我们热爱这个世界！我的祖国万岁，自由的塔吉克斯坦万岁！"

塔吉克斯坦的国歌名为《民族之歌》，这是一首平凡而又伟大的塔吉克诗歌。说它平凡是因为它的作者笔名叫"无名小辈"（Ношинос，塔吉克语），说它伟大是因为它的名字叫《民族之歌》（Суруди милли，塔吉克语）。这是塔吉克斯坦所有公民，甚至全世界塔吉克族人民耳熟能详的《民族之歌》。它是塔吉克人民的骄傲，是塔吉克斯坦人民心灵的归属。

1994年9月7日，塔吉克斯坦最高苏维埃颁布《塔吉克斯坦国歌法》，《民族之歌》正式成为塔吉克斯坦的国歌，而《民族之歌》的作者古尔纳扎·凯尔地从此成为家喻户晓的"塔吉克斯坦国歌之父"。

塔吉克斯坦北方重镇苦盏市的市长在凯尔地七十大寿庆典晚会上这样评价他："杰出伟人在社会领域的创作会极大地促进民族的进步。塔吉克民族历史上有过许多这样的例子，如今在我们中间，凯尔地就是最闪亮的一颗星。"

人气颇高的文坛大家

"耐得住寂寞，才能守得住繁华。"如果抛开《民族之歌》，古尔纳扎·凯尔地的文学之路似乎比较平淡。从1966年至今，在凯尔地60余年的文学生涯中，有49年是和一份报纸、两份杂志联系在一起的。

1945年9月20日，古尔纳扎·凯尔地出生于列宁纳巴特州（现索格特州）法尔噶尔区达尔达尔村。1977年，当凯尔地第二次担任塔吉克最大文学杂志《东方之声》的主编时，塔吉克民族文化史上最伟大的先驱萨迪利丁·艾尼逝世，次年法尔噶尔区被苏联政府命名为艾尼区，以纪念这位伟人。

凯尔地的父亲名叫凯尔地·米尔佐夫（1906年生），母亲名叫劳拉·米尔佐娃（1906年生），他们都出生于布哈拉埃米尔汗国统治的末期，因家境贫寒都没有接受过系统的学校教育。

与他们相比，凯尔地所处的时代要好很多。1945年，第二次世界大战结束，苏联赢得了反法西斯战争的完全胜利，一跃成为世界级大国。当时的苏联正处于国力起飞的初期，各项事业焕然一新。凯尔地生于这样的时代，对他的文风有一定的影响。

凯尔地学习十分刻苦，1961年，年仅16岁的他考入了塔吉克国立列宁大学。这是塔吉克苏维埃共和国的最高学府，培养了大批顶尖人才，塔吉克斯坦现任总统拉赫蒙也毕业于该校。进入大学后，凯尔地选择了塔吉克语言文学系，从此与塔吉克文学结下不解之缘。

1966年，凯尔地大学毕业后被分配到塔吉克共青团报社。这是塔吉克苏维埃共和国进步媒体的主阵地之一。青涩的凯尔地从记者做起，一步一个脚印，很快便成为报社的副主编。

1973年，凯尔地调任文学杂志《东方之声》副主编，同年成为苏联作家协会会员。

《东方之声》是苏联时期塔吉克苏维埃共和国颇具社会影响力的文学刊物。如果说《塔吉克共青团报》主要面向青少年读者，那么《东方之声》的受众则为社会精英，凯尔地在这里一做就是16年。1991年，苏联解体，46岁的凯尔地迎来了人生的第三份正式工作，成为文学与艺术杂志社的主编。在凯尔地的领导下，《文学与艺术》成为塔吉克斯坦重要的文学刊物之一，1997年入选塔吉克斯坦政府文学领域重点扶持期刊。值得一提的是，《文学与艺术》为塔吉克斯坦文化界发掘和培养了后备力量，是当之无愧的文学孵化园。

凯尔地的创作主要集中在苏联时期。1966年，凯尔地在开启职业生涯的同时也开启了创作生涯。1968年，他成为塔吉克作协会员。从1969年到1992年，他出版了11卷比较有影响力的诗集，其中8卷用塔吉克语，3卷用俄语。

1969年，他的第一本诗集《自我牺牲》问世。此后，他每两三年便有一部作品出版，主要作品包括《阶梯》（1975年）、《山隘》（1978年）、《白色世界》（1981年）、《乌鲁克别克之星》（1981年）、《锚》（1983年）、《逐流》（1985年）等。

凭借对文学的杰出贡献，凯尔地获得了许多官方荣誉。

他 1985 年获得塔吉克列宁共青团勋章，1991 年获得塔吉克斯坦政府颁发的图尔松扎德奖金，1995 年获得"塔吉克诗人"的荣誉称号。2005 年，凯尔地当选第三届最高议会下院议员。

在民间，凯尔地也备受欢迎。每逢其"大寿寿辰"，塔吉克斯坦都会为他举行盛大的敬祝仪式。2015 年，苦盏市举行了"人民诗人凯尔地"七十岁诞辰纪念晚会。这次晚会较十年前规模更大。索格特州第一副州长鲁斯塔姆、苦盏市市长阿赫玛佐达及塔吉克斯坦作协主席科斯姆悉数到场。

低调的苏联专家

阿富汗是苏联的南部邻国，是其通向印度洋的第一道门槛。早在沙俄时期，俄英便围绕以阿富汗为中心的"欧亚中心地区"展开了长达百年的"大博弈"。最终，两大帝国划区而治，沙俄占领了阿富汗北部广袤的图兰平原，而大英帝国曾得到肥沃的南亚次大陆。半个世纪过后，大英帝国早已从恒河之地撤退，沙俄帝国更是被革命的苏维埃政权取代。但是，苏维埃政权并没有忘记被誉为"帝国坟墓"的阿富汗，从诞生之日起便踌躇满志地望着它。

1953 年 9 月，达乌德被任命为阿富汗首相。达乌德推崇苏联的计划经济模式，效仿苏联制定了"一五计划"，因此被称为"红色亲王"。但由于达乌德独断专行，引起王室不满，于 1963 年被迫辞职。1973 年 7 月，达乌德联合一批亲苏的阿富汗青年军官，趁查希尔国王赴意大利治病之机发动政变，废除君主立宪制，建立共和国，史称"阿富汗共和国"。

当时的苏联正处于勃列日涅夫执政时期，经济管理体制改革初见成效，综合国力显著提升，在美苏争霸格局中的攻势逐渐显现。阿富汗国内政局的变化自然被苏联看在眼里。达乌德上台后，苏联为其提供援助，向阿富汗派遣了大批苏联专家。

阿富汗以普什图语和达利语（塔吉克语）为官方语言，而苏联的国语是俄语。为了解决驻阿富汗苏联专家的交流问题，苏联政府决定向阿富汗派遣翻译专家，这些专家以中亚的乌兹别克人和塔吉克人为主，优先选派受过高等教育的语言学专业科班生。而立之年的凯尔地因毕业于塔吉克斯坦大学的塔吉克语言文学系，文学功底深厚，政治觉悟较高，被苏联政府选派赴阿富汗工作。

1975 年，凯尔地启程赴阿富汗。在阿富汗工作期间，凯尔地恪尽职守，但并未取得惊人的业绩，这或许与他的性格有关。1977 年，凯尔地任满回国，继续他的文学创作。

"无名小辈"成为国歌之父

1991 年，塔吉克斯坦独立，千百年的民族夙愿一朝实现。

任何一个独立国家，国旗、国徽和国歌都是其必不可少的主权象征。

1992年，在塔吉克最高苏维埃第16次全会上，有关国旗和国歌的法案通过，但是国歌法案迟迟未能生效。其实在苏联时期，每一个加盟共和国都有各自名义上的"国歌"，塔吉克斯坦也不例外。但是，苏式国歌毕竟有历史局限性，已经无法满足新生国家的要求，因此以塔吉克斯坦最高苏维埃主席团主席拉赫蒙为负责人的"国歌词谱初选委员会"成立了。

凯尔地日后回忆道："在经过高层集体协商后，国歌词谱初选委员会决定面向社会公开征集国歌，一下子就调动起全国知识分子的积极性，当然包括我在内。在很短的时间内，委员会收到了一百多部作品。甄选的工作很辛苦，由时任最高苏维埃主席团副主席的多斯特耶夫负责统筹，委员们加班加点地工作。应该说，这些委员都是各界的代表和权威，他们有的是政治家，有的是诗人，有的是音乐家，有的是学者，因此没人对委员会的选择有丝毫质疑。最终，经过长时间的闭门会议后，委员会选出三部最佳作品，分别给了数额不等的奖金，而我的作品是第一名，给了我100万卢布（约3000美元）的奖金。值得一提的是，这次参选作品的作者都必须使用笔名，这样就保证了委员们都不知道作者是谁，而我的笔名是'无名小辈',因为我觉得这个名字和我自己很像。在确定我的诗被选为国歌歌词之后,委员会觉得这首诗应该有个名字。经过多方协商,大家一致认为《民族之歌》这个名字最为恰当。"

1994年9月,塔吉克最高苏维埃通过《国歌法》,确定凯尔地所做的《民族之歌》为新国歌的歌词,音乐家尤达科夫所做的苏联时期塔吉克国歌曲谱为新国歌的曲谱。1999年,塔吉克斯坦最高议会对《国歌法》进行了补充修订,明确规定"国歌是塔吉克斯坦共和国国家主权、民主和法制的象征,尊重国歌是每个公民应尽的义务"。

在塔吉克斯坦的历史上,作家有无数个,议员有数百个,人民诗人也有数十个,但是与之相比,凯尔地却有着令人敬仰的头衔——国歌之父。也许这是命运的安排,是一个偶然,但是偶然的背后是必然,如果没有对祖国的爱,没有对人民的爱,纵然绞尽脑汁,也断然无法"妙笔生花"。

社会影响广泛的社会活动家

2000年以后,凯尔地很少进行文学创作,除了主持文学与艺术杂志社的日常工作外,也参加了一些社会活动。但是无论他做什么、说什么,总是将国家和民族利益放在前面,即使是面对亲情也不例外。2015年,凯尔地亲弟弟的孙子伊克博尔·凯尔地因涉嫌在阿富汗境内实施恐怖袭击而被阿富汗警方抓获。

媒体闻讯后对凯尔地进行了采访,他忍着悲痛对记者表示,不会利用自己的关系帮助伊克博尔逃避法律的制裁,但是希望塔吉克斯坦政府能够高度重视青少年参与"圣战"的问题。他说:"伊克博尔是我亲弟弟的孙子,他应该是六七年前被带到莫斯科,在那里被极端组织盯上的。伊克博尔的本性并不坏,他有一个哥哥叫卡玛尔·凯尔地。伊克博尔的父母很早就离婚了,伊克博尔跟了母亲,而卡玛尔跟了父亲。卡玛尔现在在一家物流公司上班。伊克博尔或许是从小没有父亲管教的原因,走上了邪路。他做了坏事,就应该受到惩罚。"

"贫困是我们的孩子投向极端组织的主要原因,肚子空比脑袋空更加危险。塔吉克斯坦经济不好,我们的孩子在国内不能谋生,被迫到国外从事艰苦的工作,过着辛苦的生活。正因为这样,那些极端分子才有可乘之机,他们用虚假的'天堂论'来骗这些可怜的孩子,这些孩子往往就抵挡不住诱惑了,其实孩子们只是想弄点钱吃好点、穿好点。我们的政府应该明白这点,应该采取措施,应该尽最大可能发展我们的经济。首先就是要解决能源问题,塔吉克斯坦一到冬天就全国限电,经济怎么能发展好。现在各地都在建高楼,的确,改善老百姓的居住条件是政府应该考虑的事情，但是我希望政府把更多的精力放到建工厂而不是建房子上，应该为年轻人创造更多的就业岗位。这样他们就不用背井离乡，既满足了他们的生活需求，也可以防止各类极端主义误导他们。"

作为塔吉克斯坦的爱国诗人，凯尔地十分热爱自己国家的语言。虽然他的作品主要是在苏联时期完成的，而当时用苏联的国语——俄语来写作是十分正常的事情，但是凯尔地却很另类，他坚持用本民族的语言创作。据统计，他的作品有七成是直接用塔吉克语创作的，他还将包括莱蒙托夫、古米廖夫在内的世界知名作家的作品翻译成塔吉克语，为更多的塔吉克民众打开了通向文学世界的窗户。

塔吉克斯坦建国后将塔吉克语作为本国国语，凯尔地倍感振奋，在各种场合鼓舞塔吉克民众使用国语。2014年10月5日，塔吉克斯坦举行纪念《国语法》制定五周年的文化活动，凯尔地在活动上表示，2009年版的《国语法》让塔吉克人民重新找回了自信，但是在塔吉克部分地区仍然存在国语使用不足的情况，应该予以改进。塔吉克斯坦在20世纪80年代末，曾经制定过《国语法》，但那时的塔吉克仍属于联盟中央管辖，莫斯科无法让塔吉克语成为政治、科学和国际交流的常用语言，因此那部《国语法》并没有赋予塔吉克语应有的崇高地位。2009年10月5日，这是一个所有塔吉克人都应该牢牢记住的日子,因为在这一天,议会通过了新的《国语法》,恢复了塔吉克语的历史地位。现在,塔吉克斯坦总统无论是出访,还是在国内演讲,都能正大光明地使用本国语言,特别是参加联合国大会时,他也会使用塔吉克语,这是所有塔吉克人的骄傲。不过也应该看到,塔吉克语在国内的一些地区和部门并没有得到很好地应用,国家有必要加强对《国语法》的宣传和贯彻落实。

作为一名诗人,凯尔地自然是热爱书籍的。他曾公开指责塔吉克斯坦书籍出版行业的混乱和不足。塔吉克斯坦的人均收入水平并不高,但是书本价格却不低。2015年,凯尔地在塔吉克斯坦作协第14届全会上直言道:"现在有才华的作家在大学毕业后都没有地方施展自己的本事,因为买书的人少了。为什么会出现这样的情况,主要是因为出版社的营业税赋过高。政府应该好好研究这一问题。否则,在15到20年后,可能就真的没有人创作了。"

民间外交的践行者

凯尔地是民族文化的传播者和友好使者。他曾多次率团出访邻国,与当地的文化界举行友好磋商,积极开展民间外交。

凯尔地在访问伊朗期间,受到伊朗塔伊友好协会主席沙比斯塔尔的热情接待,沙比斯塔尔表示,"塔伊两国同文同种,因为历史原因两国人民产生了隔阂,但是现在,塔伊人民又重新找到了走近的契机,这就是文学。我曾担任伊朗驻塔吉克斯坦的首任大使,对于塔吉克斯坦的现代文学略知一二。我知道,当代的塔吉克斯坦人民对于诗歌的喜好远远超过伊朗,因此在那里涌现出一批优秀人才,凯尔地先生是杰出的代表之一。"

凯尔地对此回应称,"我很荣幸能够访问伊朗,一直想见识一下这个伟大的国度。如今有机会来到这里,领略这里的风土人情,更重要的是能够领会这里博大精深的文化,这让我永生难忘"。

当然,友好归友好,作为塔吉克斯坦的议员,凯尔地对于损害塔吉克斯坦国家利益的行为绝不姑息。他曾委婉批评文学界对罗贡水电站的过激评论:"我很遗憾某部作品并没有反映出罗贡水电站的真实情况。这部作品的观点是片面的,如果诗人知道,没有罗贡水电站,没有外国向塔吉克斯坦提供燃料,塔吉克斯坦一年就会有好几个月的时间缺少电力和供热,妇女、儿童和老人就会因受冻而生病,那么这位诗人就不会创作那样的作品了。"

作为民间使者,凯尔地也获得了诸多荣誉。2015年7月,欧洲商会决定授予凯尔地"优异外交"特别证书。据悉,"优异外交"特别证书是欧洲商会对世界各国外交、外事杰出代表的一种奖励,持有该证可拥有欧洲商会赋予的外交权限,如享受 VIP 服务等。欧洲商会是欧洲最大的商业组织之一,总部在比利时。它成立于 1958 年,现有成员商会 45 家,代表了欧洲 43 国的 1700 家地方商会和 2000 多万家企业,其宗旨是反映会员企业诉求,改善其在欧洲及国外的营商环境,并在人力、资金等方面为企业提供支持。凯尔地获得其证书也是国际社会对其活动的一种肯定。

这就是古尔纳扎·凯尔地,他可以是"无名小辈",低调做人,处于公众视线之外;也可以是"国歌之父",高调做事,位于舞台中央。时代在变,从苏联到塔吉克斯坦,他对祖国的热爱永不变;年龄在变,从童年到鹤发,他对文学的热情永不变。这就是古尔纳扎·凯尔地,一位注定要写入塔吉克斯坦史册的人物,属于他的传奇仍在继续。

曲谱作者苏莱曼·尤达科夫

苏莱曼·亚历山大罗维奇·尤达科夫,塔吉克斯坦国歌的曲作者,苏联作曲家。1916 年 4 月 1 日,尤达科夫出生于乌兹别克斯坦浩罕市，1990年11月5日在乌兹别克斯坦首都塔什干逝世，享年74岁。

尤达科夫是苏联音乐界的一位传奇人物，他出生在浩罕市一个来自布哈拉的犹太人家庭，12岁时父母双亡，被送进浩罕市一家孤儿院生活，并在那里成长和接受教育。在孤儿院，他开始学习音乐，先后学习过架子鼓、曼陀铃、吉他和管乐器，表现出极高的音乐天赋。正如尤达科夫自己所说："在孤儿院的音乐学习坚定了他的自信，开阔了他的音乐视野，使他学会了特殊的音乐听力。"

为了不埋没他的音乐才能，经孤儿院音乐老师推荐，1932年16岁的尤达科夫被送往莫斯科接受系统的音乐教育。他进入莫斯科柴可夫斯基音乐学院预科部长笛班学习，在学习长笛的同时他第一次尝试与同学和老师一起创作音乐。1934年，他进入该音乐学院附属音乐学校戈涅西娜音乐班学习，并取得音乐专业中专文凭。

1938年，尤达科夫考入莫斯科柴可夫斯基音乐学院格立耳尔音乐班，但是德国发动二战后，他的音乐学习被迫中断。1941年，尤达科夫回到乌兹别克斯坦的首都塔什干。1943年至1946年，尤达科夫担任塔吉克斯坦国立音乐剧院的艺术指导，期间，他为塔吉克斯坦苏维埃社会主义共和国国歌谱了曲。这首曲子反映了塔吉克人民热爱和平生活的情愫，展现了他们对生活的乐观态度。

卓越的音乐才华

1946年，尤达科夫返回塔什干，开始创作乌兹别克现代音乐。他尝试用各种音乐形式和题材进行创作，譬如歌曲、大型音乐剧、交响诗、歌剧、芭蕾等，并逐渐在乌兹别克浪漫曲、钢琴独奏曲、弦乐演奏曲等方面形成自己的独特风格，创下乌兹别克音乐创作的多个第一，其中包括创作了首部乌兹别克喜剧《迈萨里的快乐生活》，首部芭蕾讽刺喜剧《纳斯列季纳的少年》等。

尤达科夫的作品主要是以当时苏联、特别是乌兹别克斯坦的社会生活为背景，通过音乐和喜剧等艺术形式，刻画出各种艺术形象，表达了作者及社会的喜怒哀乐，如音乐剧《光辉前程》、为戏剧《丝绸之绣》谱写的乐曲、合唱音乐《青年长诗》等。

成为国歌之父

尤达科夫的创作始终坚持以乌兹别克和塔吉克传统的歌舞音乐为基础，并经常借助阿塞拜疆等民族传统音乐的一些旋律、音调和节奏，加上自己独特的运用手法，形成了自己独特的民族音乐创作风格。他的作品感情纯朴、真诚，仿佛从心灵中自然流淌而出，没有任何人为雕琢的痕迹。

作为在中亚生活的犹太裔音乐家，他不仅深刻理解乌兹别克斯坦人民的民族心理和感情，也对在历史上不同阶段都与乌兹别克斯坦在一起的塔吉克斯坦人民及其音乐传统有着深刻了解，并从中汲取了丰富的艺术创作所需的营养，这也是他能为当时的塔吉克斯坦加盟共和国国歌谱曲的原因。

塔吉克斯坦独立后，塔吉克斯坦最高苏维埃会议于1994年讨论决定，继续沿用苏联时期由尤达科夫谱曲的塔吉克斯坦加盟共和国国歌曲谱，而歌词将重新征集。后经全国征集，并经塔吉克斯坦最高苏维埃会议讨论确定，塔吉克现代诗人凯尔地的作品《民族之歌》成为塔吉克斯坦共和国国歌新歌词。这样就形成由尤达科夫谱曲、凯尔地作词的塔吉克共和国国歌。

塔吉克斯坦最高苏维埃会议决定继续沿用尤达科夫的国歌曲谱，这本身就是对他音乐成就及对塔吉克斯坦音乐做出突出贡献的最高评价。

尤达科夫生前获得一系列奖励，他是苏联国家奖金获得者，乌兹别克斯坦哈穆扎奖金获得者，被授予乌兹别克斯坦和塔吉克斯坦"功勋艺术家""人民艺术家"的称号。塔什干专门建立了尤达科夫纪念馆，并成立了以他的名字命名的基金会。

2016年，尤达科夫100周年诞辰时，塔吉克斯坦、乌兹别克斯坦、美国、以色列等国都举行了专门的学术会议，追思和研讨尤达科夫的艺术创作生涯和贡献。

（作者王郦久）

塔吉克斯坦"民族领袖"

——拉赫蒙

20 世纪末，国际社会最重大的政治事件是苏联解体，它直接导致了苏联的消失和 15 个加盟共和国的独立，塔吉克斯坦便是其中之一。1991 年 9 月 9 日，苏联解体前夕，塔吉克苏维埃社会主义共和国宣布脱离苏联独立，将国名改为塔吉克斯坦共和国。这是萨曼王朝覆灭 1000 年后，塔吉克民族再次建立起的独立国家。说到塔吉克斯坦的独立建国史和当今的国家发展史，不得不提拉赫蒙总统，塔吉克斯坦正是在他的领导下逐渐走向稳定和发展。

拉赫蒙全名埃莫马利·沙里波维奇·拉赫蒙，1952 年出生于苏联塔吉克加盟共和国库里亚布州（今哈特隆州）丹加拉镇的一个普通农民家庭，1969 年毕业于加里宁巴特（今萨尔巴特）第 40 职业专科学校，后进入库尔干秋别植物油厂当电工。

1971 年，拉赫蒙进入苏联太平洋舰队服役，1974 年退役，之后进入丹加拉镇列宁农场，先后任场办秘书、农场工会主席等职。在此期间，拉赫蒙考入塔吉克共和国国立大学经济系，并于 1982 年毕业。

1988 年至 1992 年，拉赫蒙担任列宁农场的场长，1990 年当选为塔吉克斯坦最高苏维埃代表。1992 年 11 月初，拉赫蒙当选为库里亚布州人民代表会议执行委员会主席；1992 年 11 月 19 日，当选为塔吉克斯坦最高苏维埃主席，行使国家领导人职权。

1994年11月6日,塔吉克斯坦举行了新宪法全民公投和总统选举,拉赫蒙以58.7%的得票当选首任民选总统。1999年,塔吉克斯坦举行总统大选,拉赫蒙高票连任。此后在2006年、2013年和2020年的总统大选中,拉赫蒙都成功连任。2016年,塔吉克斯坦通过《首任总统法》,授予拉赫蒙"民族领袖"的称号,肯定其在国家独立、建国和发展中的卓越功绩。

受命于国家危难之时

埃莫马利·拉赫蒙,原名埃莫马利·沙里波维奇·拉赫莫诺夫,1952年10月5日出生在苏联塔吉克加盟共和国库里亚布州丹加拉镇的一个普通农民家庭,是家中的第三个儿子。

库里亚布州(今哈特隆州)位于塔吉克斯坦南部,民风彪悍,苏联时期塔吉克加盟共和国的强力部门人员和军方高官有许多来自该地区。拉赫蒙的父亲沙里夫·拉赫莫诺夫参加过苏联的卫国战争,曾被授予二级和三级荣誉勋章;他的母亲马伊拉姆·沙里弗娃是本分善良的家庭主妇,于2004年去世,享年94岁。

拉赫蒙的哥哥法伊兹金·拉赫莫诺夫1959年在苏军服役时,不幸在乌克兰的利沃夫州去世。拉赫蒙自幼接受良好的家教,养成了勤劳好学、宽厚正直和坚毅刚强的品质。

1969年,17岁的拉赫蒙中等职业学校毕业后成为当地榨油厂的电工。工作后不久,他于1971年参军,加入苏联太平洋舰队,服役三年。退役后,他返回原厂工作。1976年,拉赫蒙调入当地的列宁农场,任场办秘书、工会主席。期间,拉赫蒙考入塔吉克共和国国立大学经济系,进行不脱产学习,1982年毕业。此后,因工作出色,拉赫蒙不断得到提拔。1988年,拉赫蒙出任列宁农场的场长。1990年,苏联解体前夕,拉赫蒙当选为塔吉克加盟共和国最高苏维埃代表。

苏联解体之际,塔吉克斯坦面临内战

戈尔巴乔夫的激进改革,引发了各加盟共和国的骚乱和动荡,并直接导致苏联解体。塔吉克斯坦自1990年2月发生严重骚乱后,一直处于动荡之中。1992年至1997年,塔吉克斯坦处于内战中,造成大量人员伤亡和财产损失,国家一度处在分裂的边缘。所谓"时势造英雄,英雄适时势",拉赫蒙的崛起便在内战时期。

苏联时期，塔吉克斯坦国内一直存在以地域划分的政治集团，主要分为列宁纳巴德人、库里亚布人、吉萨尔人、噶尔姆人和帕米尔人。当时有这样的说法："列宁纳巴德人负责管理，库里亚布人负责安保，而卡拉杰根人（噶尔姆人）负责做生意。"

20世纪80年代末，苏联进行多党制改革后，以地域划分的政党如雨后春笋般在塔吉克斯坦出现。如噶尔姆人和帕米尔人成立的"复兴运动"（1989年）和塔吉克民主党（1991年），帕米尔人成立的塔吉克伊斯兰复兴党（1989年）和巴达赫尚真主党（1991年），库里亚布人和吉萨尔乌兹别克人成立的人民阵线（1992年），列宁纳巴德人成立的自由劳动党（1991年）、人民民主党及人民一致党（1994年），等等。总体上看，库里亚布人、吉萨尔人、列宁纳巴德的部分乌兹别克人代表世俗派，噶尔姆人、库尔干秋别人、帕米尔人代表伊斯兰宗教派。

1990年2月的严重骚乱是塔吉克斯坦内战的导火索。当时，塔吉克斯坦有传言称，有5000多名亚美尼亚人流亡到了杜尚别，政府将免费为他们提供住宅（实际只有39个亚美尼亚家庭）。因塔吉克斯坦的经济面临严重困难，民众生活水平很低，民众对政府的怨愤借此迸发。以伊斯兰复兴运动为代表的反对派在杜尚别市举行了大规模的游行示威，要求时任塔共第一书记的马克哈莫夫（列宁纳巴德人）辞职，并演变成严重的打砸抢烧事件。最终，亚美尼亚流亡者被迫离开塔吉克斯坦，多名政府官员被迫辞职。

但民众的不满并未因此熄灭。1991年苏联的"8·19事件"后，反对派再度游行，最终导致马克哈莫夫辞职。9月9日，塔吉克斯坦宣布独立，并准备举行第一次总统选举。11月，同样是列宁纳巴德人的纳比耶夫在塔吉克斯坦最高苏维埃当选为独立后的首任总统，但被伊斯兰复兴党和塔吉克民主党指责舞弊，并再度爆发游行示威。

当时，塔吉克斯坦南部邻国阿富汗爆发了严重的派系冲突，阿富汗陷入军阀割据的局面，大批武器和"圣战者"渗入塔吉克斯坦，使得伊斯兰复兴党等反对派不断武装化。面对实力不断壮大的反对派，纳比耶夫迫不及待地采取防范措施：一方面，他向其主要支持者库里亚布的民兵发放枪支弹药，着手以库里亚布民兵为基础建立总统近卫军；另一方面，他试图清除政府高层中的帕米尔派。

1992年4月，著名民主党人伊克拉莫夫和"复兴运动"的领导人之一米尔拉黑莫夫被捕，时任内务部长的纳乌朱瓦诺夫（帕米尔人）被要求辞职。这些行动导致了反对派的极大不满，6万多名反对派支持者在杜尚别举行大规模游行，并冲击总统官邸和国家安全局（克格勃）大楼。同时，政府的支持者们也在杜尚别发起游行。此后，游行示威不断升级，最终演变成武装冲突，特别是在南部的库尔干秋别、库里亚布等地，整个国家实际上已经陷入分裂之中。

拉赫蒙在内战中崛起

1992年9月初，眼见国内局势已经失控，总统纳比耶夫被迫辞职，国家陷入无政府状态。库里亚布和吉萨尔的民兵组成的塔吉克斯坦人民阵线控制着库里亚布等地，成为制衡武装反对派的世俗力量，拉赫蒙便是人民阵线的重要领导人之一。

1992年11月初，拉赫蒙出任人民阵线库里亚布州委书记，接替作战中牺牲的前任书记利佐耶夫，并当选州人民代表会议执行委员会主席。11月16日至12月2日，在塔吉克斯坦北部的胡占德市郊区召开的塔吉克斯坦最高苏维埃会议上，拉赫蒙当选为最高苏维埃主席，行使国家领导人职权，列宁纳巴德人阿布杜拉贾诺夫出任政府总理。

但没过几天，占据首都杜尚别的人民民主军就宣布不承认拉赫蒙代表的新政府，还称其"背信弃义、令人厌恶，将不会放他们进入首都。"于是，获得俄罗斯和乌兹别克斯坦支持的人民阵线和吉萨尔民兵很快向杜尚别发起进攻。12月初，人民阵线的民兵武装将伊斯兰武装分子驱离首都，拉赫蒙及其他政府成员入驻杜尚别。

在失去合法地位后，以赛义德·努里为首的部分伊斯兰反对派领导人及其追随者，于1992年年底逃到阿富汗等邻国，还在阿富汗成立流亡政府并建立了武装组织。1993年秋，他们在阿富汗成立了反对派政党——伊斯兰复兴运动，拥有6000多名武装队员，与拉赫蒙政权相对抗。他们经常组织武装人员袭击塔吉克斯坦与阿富汗边境，双方的武装冲突时有发生。如1993年7月，伊斯兰极端主义武装人员在塔阿边界挑起事端，反对派武装组织共200多人从阿富汗境内向塔吉克斯坦方向发起进攻，守卫边界的俄罗斯边防军牺牲28人，200多名平民被打死。

1994年11月6日，塔吉克斯坦举行了新宪法全民公投和总统选举，拉赫蒙以58.7%的得票率成为首任民选总统，其主要竞争者阿布杜拉贾诺夫落选。1995年初，塔吉克斯坦又举行了议会选举，大部分议员是库里亚布人，即前人民阵线的指挥官。随着拉赫蒙总统地位的巩固，列宁纳巴德人的政治影响开始下降。此后，政府军与反政府武装交火不断，双方在联合国等外部组织干预下的谈判时断时续。

致力于民族和解与国家团结

拉赫蒙努力促成内战结束和民族和解。1997年，塔利班在阿富汗掌权，之前支持塔吉克斯坦伊斯兰反对派的拉巴尼政府倒台。丧失了外部支援的反对派中和解的声音开始多起来，塔吉克民族和解初现曙光。

以拉赫蒙为代表的塔吉克斯坦政府做出较大让步，同意对反对派实行大赦，允许反对派武装整编进入正规军，允许反对派领导人进入政府任职（占据30%的政府岗位），伊斯兰复兴党进入议会合法化，等等。1997年6月27日，经历八轮艰苦谈判后，拉赫蒙和努里分别代表内战双方在莫斯科签署了《关于在塔吉克斯坦建立和平与民族和睦的总协定》，宣布塔吉克斯坦结束内战，走向和平。

但是结束内战并非一蹴而就，在签署和解协议时，伊斯兰反对派中有部分武装指挥官并不赞同，他们或割据东部山区，或藏匿到阿富汗境内。因为东部残存武装所在地地势险峻，政府军对他们的清剿并不容易。内战时的反对派指挥官阿卜杜拉·拉希莫夫（或称毛拉·阿卜杜拉）一直拒绝承认和解。1999年,他带领自己的军队转移到阿富汗。2009年,拉希莫夫率领数百人返回塔吉克斯坦,于2011年被塔吉克斯坦政府军清剿。

此外,因和解并入军队或政府部门的原伊斯兰武装指挥官们,仍保存了自己的实力,这为此后的军事叛乱埋下了隐患,其中,以乌孜别克族武装指挥官胡多伊别尔德耶夫的叛乱影响最大。胡多伊别尔德耶夫的部队曾与拉赫蒙等领导的库里亚布民兵并肩作战,但随着库里亚布人的影响力上升,联军内部逐渐出现分裂。

早在1996年1月26日,胡多伊别尔德耶夫便曾率军反叛,控制了南部的库尔干秋别等地,并领兵向首都杜尚别进发。1996年1月27日,靠近乌兹别克斯坦的吐尔逊扎德地区也发生军事叛乱。对此,拉赫蒙采取安抚措施,允许第一副总理、总统办公厅主任等辞职,准许议会赦免叛军。此后,叛军返回军营并放下了武器。

1997年8月8日至9日,胡多伊别尔德耶夫再度起事,带领队伍从库尔干秋别向杜尚别进发,在杜尚别以南25公里处与总统近卫军交火。同时,胡多伊别尔德耶夫的支持者也在杜尚别西部的吐尔逊纳扎德起事。但政府军的实力明显更强,8月10日,政府军便肃清了杜尚别的叛乱,平定了吐尔逊纳扎德的叛乱,控制了吉萨尔等地,并开始向胡多伊别尔德耶夫的大本营库尔干秋别进军。

8月12日至13日，拉赫蒙在与胡多伊别尔德耶夫的电话谈判中要求其缴械投降，遭其拒绝，政府军随即加大攻击力度，8月18日胡军溃逃。同年11月，胡多伊别尔德耶夫再度在库尔干秋别发动叛乱，此次政府军将叛军围堵到北部的胡占德地区，并最终将其围剿。胡多伊别尔德耶夫及其主要部下逃走，藏匿到了邻国乌兹别克斯坦境内。

在促成塔吉克民族和解和国内政局稳定方面，拉赫蒙总统发挥了主导作用，同时，也承担了极大的风险，针对他的暗杀活动时有发生。1997年4月30日，拉赫蒙在胡占德大学建校65周年活动讲话时，遭到手榴弹袭击，幸得部下以身保护，拉赫蒙仅受轻伤。2007年11月8日，再次发生针对拉赫蒙的暗杀，自杀式袭击者在拉赫蒙演讲时靠近讲台并引爆炸弹，所幸未造成人员伤亡。

由首任总统到"民族领袖"

凭借平息内战、维护国家统一的卓越功绩，拉赫蒙总统深受塔吉克斯坦民众的拥护。1999年9月26日，塔吉克斯坦以全民公投的方式通过新宪法，将议会修改为两院制议会，将总统任职期限由此前的 4 年延长到 7 年，修宪案最终以 61.9% 的赞成票通过。同年 11 月 6 日，塔吉克斯坦举行总统大选，拉赫蒙以 96.9% 的高票当选连任。

2003 年 6 月 22 日，塔吉克斯坦再次全民修宪，规定总统可以连任两届，并取消了总统年龄的最高限制，新规自下届总统大选后实行。此后在 2006 年和 2013 年的总统大选中，拉赫蒙分别以 79.3% 和 83.6% 的支持率成功连任。

随着权力的巩固，拉赫蒙总统开始对武装反对派进行大规模清剿，他先后多次出兵东部山区，剿除反对派武装残余。此外，对于民族和解后进入政府部门的官员，塔吉克斯坦当局严加防范，同时开始打压伊斯兰复兴党等反对党派。2015 年 3 月，塔吉克斯坦议会下院举行选举，最终拉赫蒙总统领导的人民民主党获得议会下院 63 席中的 51 席，比例继续超过 2/3，确保了总统对议会的绝对掌控权。伊斯兰复兴党和社会民主党在下院中一席未获，沦为体制外反对派，实力遭到严重削弱。

2015 年 9 月 4 日凌晨，国防部副部长纳扎尔佐达率部分武装叛军先后袭击了塔吉克斯坦瓦赫达特市（首都杜尚别以东 20 公里）内务局和杜尚别的国防部大楼，并与警方、军方交火，造成 4 名特警和 4 名瓦赫达特市内务局警察当场死亡。不过，叛乱很快便被粉碎，纳扎尔佐达带领近百名叛军藏匿到瓦赫达特区的拉米特山谷（杜尚别以东150公里）。半个月后，纳扎尔佐达被击毙。此事发生后不久，塔吉克斯坦当局将矛头指向了伊斯兰复兴党，称叛乱的纳扎尔佐达为伊斯兰复兴党成员，随后将伊斯兰复兴党取缔并宣布其为恐怖组织。该党高层领导多人被捕，首领卡比里流亡国外至今。

2015年12月，为了响应议员提交的关于授予拉赫蒙"民族领袖"称号的要求，塔吉克斯坦议会下院审议通过了《和平和解奠基者——民族领袖法》。塔吉克斯坦的议员们称，拉赫蒙总统功绩卓著，可以同古波斯帝国的缔造者——居鲁士大帝（居鲁士二世）和塔吉克民族萨曼王朝的建立者索莫尼相比。该法规定，当"民族领袖"拉赫蒙结束总统任期后，国家在制定内外政策时也要参考他的意见。"民族领袖"离任总统职务后，享有豁免权，享有交通、住房、社会福利等权利。此外，塔吉克斯坦还将修建"民族领袖"博物馆、图书馆及档案馆。

2016年5月22日，塔吉克斯坦再次举行宪法修正案全民公投，并以94.7%的赞成票通过。修正案共40条，关键条款包括：境内禁止注册具有民族和宗教色彩的政党，禁止他国或境外组织资助的政党活动，总统候选人、议会两院议员候选人最低年龄均由35岁改为30岁，首任总统——民族首领拉赫蒙不受条件限制，可无限期连任，等等。修宪后，拉赫蒙被宣布为终身总统。同时，修改后的宪法也从法律上根除了伊斯兰复兴党复活的可能。

作为苏联解体后新独立的国家，经受了多年内战的塔吉克斯坦在经济、政治等各方面都面临着严峻的转型和重建任务，在此背景下，塔吉克斯坦需要一位能够维持大局稳定的强势人物。

2020年10月11日，拉赫蒙获得90.92%的选票再次当选总统。

重视民族文化复兴

在国家的文化建设方面，拉赫蒙致力于追寻本民族的传统文化，借以凝聚民族共识，维护人民团结和国家统一。

苏联解体后，中亚各国均将恢复民族传统文化作为首要任务，拉赫蒙对此也特别重视，他亲自撰写了一系列探索和弘扬塔吉克民族历史和文化的著作，如《历史进程中的塔吉克人》《塔吉克斯坦独立与民族振兴》《历史倒影中的塔吉克民族》等，这些著作中充满了对塔吉克民族的自豪和崇敬。他讲到，"塔吉克斯坦这个国家如同参天大树，植根于遥远的历史年代"，"经常回忆本国人民的英雄历史，珍惜先辈的文化遗产，缅怀本民族的伟大儿女，毫无疑问是民族自我意识的主要源泉之一","塔吉克民族的伟大之处在于,无论在任何统治和压迫下,塔吉克族都成功地捍卫了本民族的语言与文化的主导地位","塔吉克民族自我否定、崇洋媚外的思潮总是发生在塔吉克民族将自己的历史命运与强大的帝国联系在一起的时候"。

拉赫蒙首先从文化的民族化入手。2007年3月21日,拉赫蒙在知识分子代表会上称,应该恢复本民族的名字和传统,之后他宣布将自己的姓由拉赫莫诺夫改为拉赫蒙。在他的号召下,塔吉克斯坦人大多修改了姓,将斯拉夫色彩的"耶夫""奥夫"去掉了。同时,带有明显苏联色彩的城市名、乡村名也被修改,如乌拉秋别市改为伊斯塔拉夫尚市,契卡洛夫斯克市改为布斯顿市,列宁纳巴德州改为索格特州,噶尔姆区改为拉施特区,等等。

2009年7月,拉赫蒙提议议会通过《语言法》,他称:"只有尊重和保护自己语言的民族才是伟大的民族。"同年10月初,塔吉克斯坦议会最终通过了《语言法》,规定塔吉克语是官方语言,是政府办公的唯一语言;俄语是宪法规定的族际交流语。2010年3月4日,塔吉克斯坦议会上院通过了《语言法》修正案,要求所有的官方法律和法规必须用塔吉克语公布。对于传统文化,拉赫蒙也进行了严格规范,比如他要求婚丧活动不能奢华,以减少家庭开支;要求男方和女方必须共同承担婚礼开支,违者将被罚款。

促进国家经济发展

在国家发展方面,拉赫蒙采取了休养生息的政策。塔吉克斯坦经济基础薄弱,结构单一。苏联解体后的政治经济危机和多年内战,使塔吉克斯坦的国民经济遭受严重破坏,经济损失总计超过 70 亿美元。

1995 年,塔吉克斯坦开始实施《深化经济改革和加快向市场经济过渡的紧急措施》和《1995—2000 年经济改革纲要》,确立了以市场经济为导向的国家经济政策,并推行私有化改制。1997 年,塔吉克斯坦的国民经济开始走出低谷,呈现恢复性增长。2000 年 10 月,塔吉克斯坦成功发行新币索莫尼,初步建立国家财政和金融系统,开始逐步完善税收、海关政策。2005 年,新一届议会选举之后,塔吉克斯坦的经济继续保持平稳发展态势,人均收入开始增加,各项经济指标均有回升。

目前,为走出经济困境,塔吉克斯坦制定了"实现能源独立、摆脱交通困境、保障粮食安全"三大国家战略,以丰富而亟待开发的水资源为突破口,制定"水电兴国计划":推出中小水电站建设路线图;大力发展公路、铁路等基础设施,改善交通通信条件;开展粮食育种合作,改善农业种植和灌溉技术。

近几年,塔吉克斯坦年均 GDP 增速保持在 6% 以上,人均 GDP 接近 1000 美元。目前,塔吉克斯坦的主要经济来源有三个:一是国内铝产品和棉花出口,二是在俄罗斯的劳工侨汇收入,三是国际援助。2015 年,塔吉克斯坦国内生产总值(GDP)480 多亿索莫尼,同比增长 6%,通货膨胀率为 5%,贫困人口比重下降到了 31%,人均 GDP 提高了 3.8%,人均寿命达到 73.5 岁。

奉行全方位外交方针

在对外关系上,拉赫蒙奉行全方位外交的方针,正如塔吉克斯坦宪法中所写:"塔吉克斯坦奉行爱好和平的政策,尊重其他国家的主权和独立,根据国际准则确定自己的外交政策。"拉赫蒙的外交重点是:优先发展同独联体国家的关系,把发展与主要战略伙伴俄罗斯的关系放在首位,把发展同哈萨克斯坦、乌兹别克斯坦、吉尔吉斯斯坦、土库曼斯坦等中亚邻国的关系放在优先地位;发展同其他邻国和一些伊斯兰国家的关系;积极发展同欧洲国家及欧洲安全与合作组织的合作;把发展同中国的关系作为外交的优先方向。此外,还要与印度保持务实合作关系,致力于与美国建立全方位的关系，加强与韩国、日本等国家的接触。

其中，对俄关系位居塔吉克斯坦对外关系首位。塔吉克斯坦在俄罗斯的劳工收入占国家GDP的比重超过40%，是世界上对侨汇依赖最大的国家之一。俄罗斯驻塔201军事基地对塔吉克斯坦的边境安全也至关重要。同时，俄罗斯是塔吉克斯坦的主要贸易伙伴和重要投资来源国。近年来，俄罗斯还积极拉拢塔吉克斯坦加入俄罗斯主导的欧亚经济联盟。

美国是塔吉克斯坦实现平衡外交需要借助的重要力量，是其获取西方经援的重要渠道，两国在阿富汗、边境安全等问题上合作密切。2013年，塔吉克斯坦接受来自46个国家8800万美元的无偿援助，其中美国的援助占60%。美国希望通过"塔—阿大桥""CASA—1000输变电项目"拉拢塔吉克斯坦加入美国主导的"新丝绸之路计划"及"中亚战略2019—2025"。

与中亚邻国的关系也是塔吉克斯坦外交的优先方向。塔吉克斯坦与邻国乌兹别克斯坦因修建水电站矛盾不断，与邻国吉尔吉斯斯坦也存在边界争议，这都对塔吉克斯坦的稳定构成了威胁。自2016年乌兹别克斯坦新总统上任后，双方在罗贡水电站建设等方面逐渐实现和解。塔吉克斯坦还积极发展同伊斯兰国家的关系，尤其重视与同属波斯语国家的伊朗开展合作。此外，塔吉克斯坦也重视与欧美、日韩、东盟国家的关系，积极争取各国的投资和援助。

04

重视对华关系和丝路经济带建设

拉赫蒙总统十分重视对华关系，倾力推动双边关系发展。2002年5月，他顶住国内外巨大压力，同意按中塔双方达成的边界划分协议，将1100多平方公里的土地划归中国，结束了两国领土争端，为中塔长远合作奠定了基础。2003年以来，他多次访华，与时任国家主席的胡锦涛会面达13次之多，2007年，两国签订了《中塔睦邻友好合作条约》，为新阶段双边关系的发展指明了方向。

2013年，拉赫蒙总统访华，与习近平主席共同将两国关系提升为战略伙伴关系。2014年9月，习近平主席赴塔出席上合组织元首峰会，并对塔进行国事访问。拉赫蒙对中方提出的丝绸之路经济带倡议热烈欢迎，十分希望参加中方所倡议的项目建设，称"塔中友好源自中国长期以来对塔吉克斯坦的真诚帮助、两国共同的发展追求和在重大问题上的广泛共识。塔方愿与中方拓展贸易、能源、农业、交通等领域的务实合作，为中国—中亚天然气管道 D 线铺设创造良好条件，积极参与丝绸之路经济带建设。"习近平主席受邀参加了中国—中亚天然气管道 D 线塔境内段开工仪式。此后，塔吉克斯坦成为最早加入亚洲基础设施投资银行的创始国之一，中塔两国在"丝路经济带"框架内的投资经贸合作开展顺利，已经取得一系列成果。

2019 年 4 月，拉赫蒙总统应邀出席在北京举办的第二届"一带一路"国际合作高峰论坛高级别会议，他在会前接受《人民日报》记者采访和论坛讲话中都高度评价中国提出"一带一路"倡议是对古丝绸之路精神的传承与发展。"一带一路"倡议通过加强和完善多边机制，为促进沿线国家和地区实现共同发展提供了巨大机遇。

拉赫蒙表示，习近平主席提出构建人类命运共同体理念，充分展现了中国为维护世界和平稳定、促进全球发展繁荣作出的积极贡献，有助于推动各国实现包容性发展，开创人类美好未来。他说："塔吉克斯坦愿在相互尊重、平等互利的基础上进一步巩固塔中关系，推动'一带一路'合作深入发展，共同造福两国及地区人民。"[1]

---

[1] 周翰博：《推动一带一路合作深入发展（一带一路·高端访谈）——访塔吉克斯坦总统拉赫蒙》，载《人民日报》，2019 年 4 月 20 日，第 3 版。

近年，中塔关系发展顺利，两国合作实施了50多个大型项目，包括中国政府利用优惠买方信贷实施的"罗拉扎尔—哈特隆"220千伏、"南—北"550千伏输变电线项目；中国路桥公司承建的"杜尚别—恰纳克"公路、中塔公路修复改造工程，修建了"沙赫里斯坦"等隧道，极大改善了塔吉克斯坦基础设施落后的现状。中国对塔吉克斯坦的投资额已超10亿美元，贷款额已超20亿美元，成为塔吉克斯坦的第一大投资国和债权国。

（作者王明昌）

作者附记

"'一带一路'列国人物传系"丛书是由中国传记人物学会设计、筹划出版的一套百卷集的浩大工程,我们对学会及王丽会长高度的国家责任感、敏锐的时代观察力和对市场需求的感知力深表钦佩,对编辑部各位专家组织这一宏大出版工程所付出的努力表示感谢,对出版社各位编辑认真审稿、编辑和校对此书表达由衷的钦佩和谢意。

在我们决定领受撰写《塔吉克斯坦名人传》的任务后,深感时间紧,任务重,责任不轻,使命光荣,这也是我们作为研究国际问题学者参与"一带一路"建设的一次难得机会。同时,虽然作者们多是工作在一线的青年专家,平日业务非常繁忙,但大家战酷暑、抗炎热,加班加点地工作,按预定的时间拿出初稿，再经过反复打磨修改，最后才定稿出手，我作为本集的主编，为各位作者团结协作、不怕困难、认真负责的精神表示赞赏和感谢！

习近平主席提出的"一带一路"倡议是一项团结海上和陆上丝绸之路沿线国和志愿参与国的伟大国际合作工程，这一倡议的实施有助于加强中国与一些发展中国家、特别是中国周边国家的合作，带动他们搭上中国经济快速发展的便车一起前行，还将促进发达国家与发展中国家间开展更加有效的互利合作，从而进一步改善未来世界的秩序，显著提升中国的国际地位。我们有幸作为"一带一路"倡议的参与者，希望通过参与此丛书的编写，能为推动共建"一带一路"略尽绵薄之力。

在编写过程中，作者们虽然付出大量精力研究前人的研究成果，克服了资料不足、语言障碍等困难，但仍觉书中有不少遗憾和不足，敬请各位专家学者和广大读者批评指正。

王郦久

2022 年 4 月于北京

后　记

"一带一路"相关国家众多，代表性人物众多，为中外交好、民心相通作出杰出贡献的人士众多，因此，为"一带一路"璀璨群星立传，既使命光荣，又责任重大。在这项浩大工程的策划、组织、执行过程中，有许许多多的人士参加了有关传主的名单征集和审定，以及写作、翻译、审读、编辑、出版、筹资、联络等繁重而琐细的工作。所有参与的人员，以拳拳报国之心，尽深厚学养之力，克服了时间紧、任务重、要求高、压力大等诸多困难与挑战，最终圆满完成了任务。在本书付梓之际，丛书编委会特向参与本项目的全体同志致以崇高敬意和衷心感谢！

同时特别需要鸣谢的是，提出策划并领导实施此项目的中国传记文学学会会长王丽博士，基于长期法律实务经验和担任"一带一路"服务机制主席职务的便利，她对相关国家和走出去的"一带一路"建设者，以及广大青少年的需求了解真切，提出应当为他们写一套介绍各国典型人物的简明易读的传记，为他们提供健康的精神食粮。她把这项"额外"的工作当成了事业，联袂商会筹集资金、苦口婆心招揽作者、精心挑选传主名录、夙夜青灯挥笔写作、近乎偏执逐字推敲、亲力亲为呕心沥血。面对如此浩大的出版项目和繁重的出版任务，当代世界出版社毅然承担了绝大部分图书的出版任务，出版社的领导与中国传记文学学会的负责同志一起协商，寻求有关部门的支持和帮助，努力将该传系打造成高质量的精品好书。在此，我们特向项目牵头人和当代世界出版社相关领导和编辑致以崇高敬意和衷心感谢！

尤其让我们感动的是，在项目执行过程中，一些富有家国情怀的民间商会和企业家慷慨解囊，虽不足以支撑项目的全部费用，但是他们所表现出的热心和支持，让我们坚定了走下去的信心和决心。在此，我们要特别鸣谢为本书的创作出版做出捐赠支持的中国民营经济国际合作商会、亿阳集团股份有限公司、富通集团有限公司及太平洋证券股份有限公司，并对他们的拳拳报国之心和慷慨帮助致以崇高敬意和衷心感谢！

一项伟大的事业，离不开许多默默无闻的奉献者。在本传系的组织、编写、出版过程中，有历史、文学、科研、外交、教育、法律、翻译、出版等领域的数百位专业人士参与，恕不能在此一一详列。需要特别提出的是，鞠思佳、李嘉慧、景峰等同志为组织联络、搜集资料到处奔波而毫无怨言，唐得阳、唐岫敏、白明亮、谭笑等同志在编写、翻译、编辑、校对过程中的细致与负责让我们感动，赵实、胡占凡、高明光、吴尚之、刘尚军、李岩、王灵桂、李永全、陈小明、许正明、宋志军等同志睿智的指点和专业的帮助让我们少走了许多弯路。在此，我们特向以上各位同志致以崇高敬意和衷心感谢！

当然，由于我们水平所限，本丛书难免有某些不尽人意之处和瑕疵，敬请学界专家和各位读者不吝赐教，我们将在作品再版之时吸收完善。在此，我们也向各位读者提前表示崇高敬意和深深的感谢！

"'一带一路'列国人物传系"编委会

2019年3月30日